Prólogo por Beth Moore

El colorido reino de Dios, historias de la Biblia por mi amigo Esau McCaulley es no solo uno de los libros más hermosos que he visto en mi vida, sino que también cuenta la mejor historia de todas: la gloriosa historia del evangelio con todos sus altibajos y desvíos. Si pudiera, pondría este libro a la puerta de cada hogar. No se me ocurre nada mejor que ser parte de la gran y diversa familia de Dios.

«Con teología sólida y visuales hermosos, esta Biblia para niños combina la narración y erudición sagaz de McCaulley con las ilustraciones encantadoras de Coelho que a veces te dejarán sin aliento. ¡Vale la pena compartirla con todos los pequeños en tu vida!».

PHIL VISCHER, cineasta, creador de *VeggieTales* y *What's in the Bible?* (¿Qué hay en la Biblia?)

TYNDALE NIÑOS

Tyndale House Publishers
Carol Stream, Illinois, EE. UU.

El COLORIDO reino de Dios: Historias de la Biblia

La historia de la gran familia de Dios

escrito por **Esau McCaulley** | ilustrado por **Rogério Coelho**

Visita Tyndale en Internet: TyndaleEspañol.com y BibliaNTV.com.

Visita Tyndale para niños: tyndale.com/kids.

Visita el sitio del autor en EsauMcCaulley.com.

Tyndale y el logotipo de la pluma son marcas registradas de Tyndale House Ministries.

El logotipo de Tyndale Niños y el logotipo de Tyndale Kids son marcas de Tyndale House Ministries.

El colorido reino de Dios, historias de la Biblia: La historia de la gran familia de Dios

Originalmente publicado en inglés en el 2025 como *God's Colorful Kingdom Storybook Bible: The Story of God's Diverse Family* por Tyndale House Publishers con ISBN 978-1-4964-5988-6.

Diseño: Jacqueline L. Nuñez.

Traducción al español: María Sol Romera para AdrianaPowellTraducciones

Edición en español: Remedios Lérida de Richard para AdrianaPowellTraducciones

Para información sobre la fabricación de este producto, favor de llamar al 1-855-277-9400.

Para información acerca de descuentos especiales para compras al por mayor, por favor contacte a Tyndale House Publishers a través de espanol@tyndale.com.

ISBN 978-1-4964-8765-0

Impreso en la India
Printed in India

31 30 29 28 27 26 25
7 6 5 4 3 2 1

Este libro está dedicado a mis cuatro niños
(en especial, a los dos más pequeños, Peter y Miriam).
Deseo que siempre encuentren esperanza y alegría en la Palabra de Dios.
Es un regalo para nuestro bien.

Contenido

Una nota para padres, tutores y maestros x

La Creación 1

La Caída: Las cosas salen mal 9

El agua y la lista 17

Babel: Unidos por las razones equivocadas 25

Dios, Abraham y la súper gran promesa 33

José y sus dos hijos: Efraín y Manasés 41

Jocabed, Pua y Sifra: Mujeres muy valientes 49

El éxodo: Un Dios de libertad 57

Las leyes de Dios y la justicia de Dios 65

Los jueces: Las personas pierden su camino, pero Dios no 73

Un Dios fiel y un amigo fiel: La historia de Rut 81

David y el Dios que nos ve 89

Los reyes de Israel: Fracaso y esperanza 97

El profeta Isaías y la importante misión de Dios 105

Daniel y sus amigos: Dios está con nosotros sin importar a dónde vayamos 113

¡Cantemos al Dios que nos creó! 121

Una pausa... 132

María y el Dios que pone todo patas para arriba 135

El Salvador está aquí: El nacimiento del Mesías 143

Simeón y Ana conocen al Mesías 151

Juan el Bautista prepara a la gente para recibir a Jesús 159

El primer sermón de Jesús en Nazaret 167

Un reino extraño 175

Jesús, el Buen Pastor 183

La cruz que trae a las naciones 191

¡No está aquí! Ha resucitado 199

Pentecostés: El Espíritu es para todos 207

El etíope eunuco: El evangelio va por todo el mundo 215

Pablo, apóstol a las naciones 223

La Carta de Pablo a los Gálatas 231

La Carta de Santiago 239

Cómo termina la historia 245

Agradecimientos 251

Acerca del autor 253

Acerca del ilustrador 255

Una nota para padres, tutores y maestros

Me gustaría contarles una historia pero no toda. ¿Quién podría contar la historia completa de Dios? Ni siquiera la Biblia puede contener la narrativa completa de lo que Dios hace en el mundo. Esto se debe a que la historia del mundo, de principio a fin, es la historia de Dios. Él está en cada rincón y grieta, cualesquiera que sean los rincones y grietas, de cada relato. Este libro, querido lector, es un intento de contar treinta y una historias de las Escrituras que resaltan dos temas centrales que ocurren una y otra vez en la Biblia.

Primero, quiero hablarles acerca del amor de Dios por las muchas naciones, o grupos étnicos, del mundo. Dios deja claro en casi todas las páginas de las Escrituras que su deseo es formar una familia muy variada. La unidad en la diversidad de la iglesia es un testimonio del poder universal del evangelio para atraer a las personas al Dios vivo.

¿Por qué contar esta historia ahora? Vivimos en un mundo al que le gusta dividir a las personas en función de cuánto dinero ganan, el color de su piel o de dónde son. Las historias de este libro les mostrarán a los pequeños que la familia de Dios no es así.

También vivimos en un mundo donde muchas personas están enfermas, son pobres, necesitan y sufren. ¿Dice la Biblia algo sobre cómo deberíamos pensar los cristianos acerca de estas personas? La Biblia de hecho tiene

mucho que decir, y en este libro también se destacarán historias sobre la justicia para los marginados.

Intento enfatizar estas historias mientras me concentro en Dios como el héroe de la historia completa y en la gran salvación que Jesús nos trae. Estoy llamando la atención sobre estos dos temas de la Biblia, pero espero nunca desviarme del gran relato que las Escrituras declaran sobre Dios y su amor misericordioso por nosotros.

Si tú y tus hijos leen estas historias de la manera en que están pensadas, no saldrán de estos relatos con más cosas por hacer, sino con una mayor apreciación de lo que Dios ha hecho y un mayor deseo de unirse a la obra que él nunca ha dejado de hacer.

Este libro es el comienzo de una aventura con las Escrituras mismas, y espero que lleve a los niños a un amor de por vida por la Palabra de Dios.

Como narrador, entraré y saldré de la historia para explicar fragmentos y tratar de transmitirles a los niños ideas claves. Mi intención, incluso cuando parafraseo pasajes de las Escrituras, es contar la historia con la mayor fidelidad posible. Consideren este libro una invitación a una historia mucho mayor que todavía me llena de asombro.

Esau

GÉNESIS 1:1–2:3

La Creación

En el principio, Dios creó los cielos y la tierra.
Génesis 1:1

La historia de la Biblia no comienza ni contigo ni conmigo. Comienza con Dios. Si podemos imaginarlo, Dios existía antes de que hubiera un antes. Él siempre ha estado aquí.

Un escritor lo dice así: «Antes de que nacieran las montañas, antes de que dieras vida a la tierra y al mundo, desde el principio y hasta el fin, tú eres Dios» (Salmo 90:2). Solo pensar en eso me da dolor de cabeza. También me dan ganas de cantar canciones de alabanza a Dios.

Dios es el superhéroe. Él es la estrella de todo lo que sucede. Estamos aquí, el mundo está aquí, las estrellas, los animales y las plantas están aquí porque «en el principio, Dios creó los cielos y la tierra». Él quiso que así fuera, y así es.

Esta es una buena noticia. Nadie es un error. Dios nos creó por una razón. Le gusta lo que ha hecho. Lo sabemos porque lo dijo.

Dios miró las estrellas que hizo mientras iluminaban el cielo,

y las llamó BUENAS.

Dios miró a los peces que creó mientras nadaban en el mar azul,

y los llamó BUENOS.

Dios miró a los animales que creó mientras caminaban por la tierra con sus pezuñas, cuernos, hocicos y garras,

y los llamó BUENOS.

Dios miró al sol que creó mientras daba luz al día, y a la luna que creó mientras daba la bienvenida a la noche,

y los llamó BUENOS.

Dios disfruta cuando las cosas creadas hacen lo que él planeo al crearlas.

Las plantas que creó para crecer en la tierra glorifican a Dios al CRECER.

Los animales que creó para andar por la tierra glorifican a Dios al ANDAR.

Las aves que creó para volar en el cielo glorifican a Dios al VOLAR.

Y tú, querido LECTOR, al ser el niño o la niña que Dios creó para ser, lo glorificas siendo como eres. Esto es muy simple. Glorificas a Dios al comer, crecer y asistir a la escuela y a la iglesia. Glorificas a Dios siendo amable con tus hermanos y hermanas y escuchando a tus padres.

Si Dios te dio el amor por el canto, puedes glorificar a Dios usando tu voz.

Si Dios te dio amor por los deportes, puedes glorificar a Dios a través del atletismo.

Si Dios te hizo bailarín, puedes glorificar a Dios bailando. Puedes escribir, cantar, jugar o dibujar para la gloria de Dios. Un día incluso

podrías glorificar a Dios siendo médico, chef, bombero, pastor o maestro.

Cuando Dios creó el mundo, no lo hizo todo verde o todo azul. No hizo todos los copos de nieve de la misma forma. No hizo solo perros o solo conejos. No. Dios creó un mundo diverso con todas las formas y colores que puedas imaginar. Lo hizo porque ama la diversidad.

Dios guardó lo mejor y lo más creativo de su obra para el final: Adán y Eva.

Creó a los primeros humanos a su propia imagen. Los humanos somos únicos porque podemos agradecerle a Dios por todas las cosas buenas que creó. Dios les dio a Adán y a Eva la misión de ser fructíferos y multiplicarse, ¡lo que significa que quería que tuvieran hijos!

Esta misión llevó a la creación de nuevas familias. A Dios le encanta llenar el mundo con personas hechas a su imagen. Hombres y mujeres se unen como esposos y esposas para crear más personas a su imagen. Esto ha sucedido una y otra vez desde el principio de los tiempos. Es la razón por la que tú y yo existimos.

Todos estamos hechos a la imagen de Dios. No importa si naciste en una familia rica o pobre, llevas la imagen de Dios. Eres valioso para Dios.

Todos nos vemos diferentes. Nuestra piel puede ser oscura o clara. Nuestro cabello puede ser rizado o liso. Venimos en muchas formas y tamaños. Eso no importa. Dios aún nos mira y nos llama buenos.

Creer que Dios nos hizo a todos a su imagen les da fuerza a las

personas que son tratadas injustamente por la sociedad. Alienta a los seguidores de Cristo a luchar por un trato justo y una oportunidad de vivir y trabajar sin ser dañados. Esto ayudó a los cristianos afroamericanos a luchar contra las leyes que negaron sus derechos durante muchos años. Ellos sabían que Dios los había mirado y los había llamado buenos.

Lo más maravilloso que el mundo haya visto jamás es a Jesús, el propio Hijo de Dios. Él existía con Dios el Padre antes de que hubiera una estrella en el cielo o un pez en el mar. Él es la verdadera imagen de Dios. Él nos mostró a través de su vida cómo es Dios. Corrigió la historia cuando las cosas salieron mal. Aunque nos estamos adelantando. Te contaré más adelante sobre él.

GÉNESIS 2:4–3:24

La Caída: Las cosas salen mal

Cuando soplaba la brisa fresca de la tarde, el hombre y su esposa oyeron al Señor Dios caminando por el huerto. Así que se escondieron del Señor Dios entre los árboles. Entonces el Señor Dios llamó al hombre: «¿Dónde estás?».

Génesis 3:8-9

Dios había creado el mundo y toda su hermosa diversidad. Tenía ríos que fluían y peces saltando. Tenía atardeceres deslumbrantes cuando el sol se hundía en el océano, lo que permitía que la arena de las playas se convirtiera en un teatro donde uno podía recostarse y ver a cada estrella aparecer. Pero no había nadie que escribiera poemas y canciones sobre playas y estrellas. No había nadie que hiciera dibujos de animales y montañas. No había nadie que pudiera darle gracias a Dios por toda la belleza que había creado. Pero Dios no había terminado de crear. Guardó lo mejor para el final.

La creación más maravillosa de Dios fueron los humanos Adán y Eva, nuestros primeros padres. Los humanos fueron una idea tan buena que les dijo que hicieran más de sí mismos. Dios les dijo que se convirtieran en una gran familia.

Dios puso a Adán y a Eva en un jardín. Les dio el importante trabajo de atenderlo y cuidarlo. Tener trabajo que hacer es una de las cosas que nos hace sentir vivos. Aprender, leer, jugar y limpiar

en el buen mundo que Dios creó es parte de la razón por la que estamos aquí. El trabajo nos beneficia. Fuimos creados para trabajar y vivir.

Dios le dio a Adán un mandato que debía compartir con su esposa, Eva. Adán y Eva podían disfrutar del buen lugar que Dios había creado para ellos. Podían comer cualquier alimento excepto el de un árbol: el árbol del conocimiento del bien y del mal.

Toda historia tiene un personaje malo, y esta no es la excepción. El personaje malo en esta historia es la serpiente, Satanás, el ladrón de la alegría.

La astuta serpiente se acercó a Eva y a Adán con una pregunta:

—¿De veras Dios les dijo que no pueden comer del fruto de ninguno de los árboles del huerto?

La serpiente estaba tratando de hacer que Dios pareciera egoísta o cruel. Pero Dios no es tacaño con sus regalos. A veces nos dice que no para mantenernos a salvo. Como cuando un amigo grita *¡Alto!* justo antes de que caigas en un charco de barro.

Eva sabía que Dios no era tacaño. Le dijo a la serpiente:

—Dios nos ha dado *alimento de todos los árboles excepto de uno*. Si comemos de ese árbol o incluso lo tocamos, moriremos.

(Dios no hizo la regla de no tocar. Tal vez Adán y Eva decidieron agregar esa parte solo para estar seguros).

La serpiente mintió. Le dijo:

—No morirán. Dios no quiere lo mejor para ustedes.

Quiere evitar que *ustedes* se vuelvan como *él*, que conozcan el bien y el mal.

Esta es la misma mentira que el maligno nos dice hoy: que Dios no sabe qué es lo mejor.

La mentira de Satanás fue muy extraña porque Dios ya había hecho a Eva y a Adán a su imagen. Solo podrían volverse más como Dios obedeciendo sus mandamientos, no desobedeciendo.

Pero Eva y Adán creyeron la mentira. La comida del árbol se veía tentadora y la comieron.

Las cosas salieron mal a partir de ahí.

Cuando Adán y Eva obedecían a Dios, también confiaban por completo el uno en el otro. Estaban desnudos, pero no se avergonzaban.

Cuando dejaron de confiar en Dios, dejaron de confiar el uno en el otro. Se cubrieron.

Cuando Dios vino al jardín, ellos se escondieron.

Esto se llama vergüenza. ¿Alguna vez sentiste vergüenza cuando hiciste algo malo? Yo sí.

Dios amó a Adán y a Eva lo suficiente como para hacer lo más difícil: les hizo enfrentar lo que habían hecho.

Puede que no sea una sorpresa que se volvieran uno contra otro. Adán culpó a Eva. Eva culpó a la serpiente. Como en las peleas que tenemos en casa. Nos fijamos en lo que hicieron los demás, no en lo que nosotros hicimos.

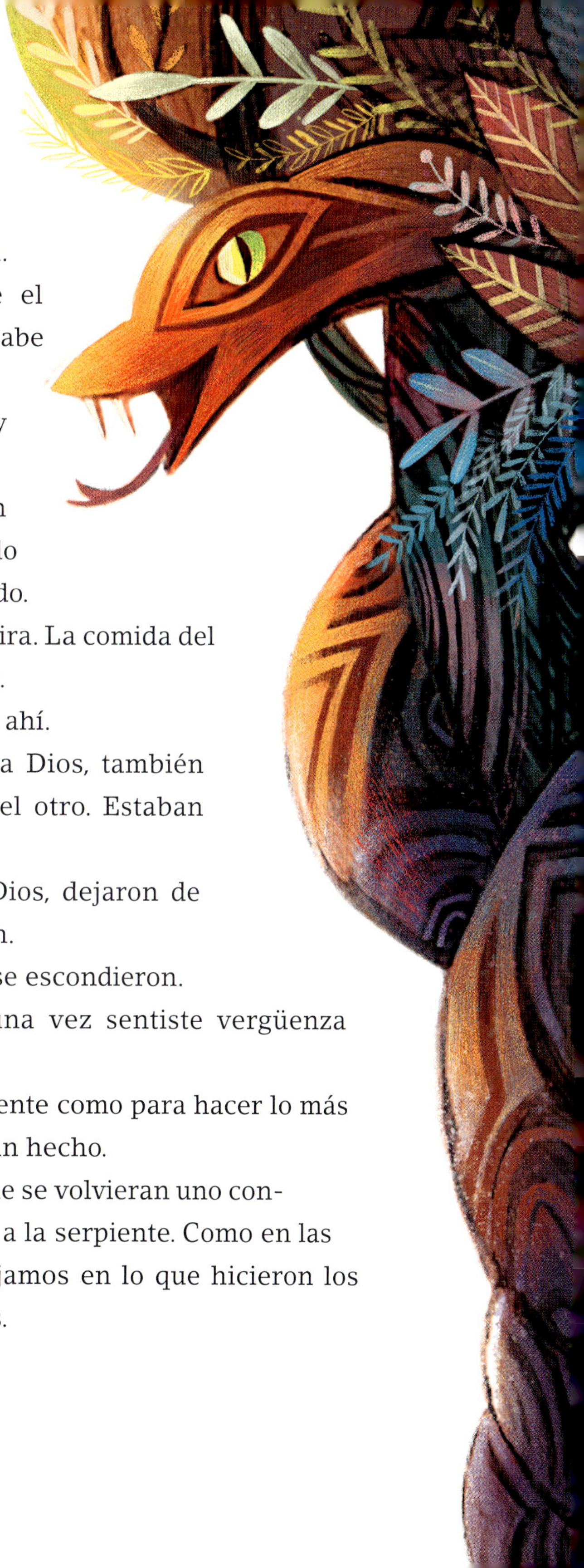

Luego sucedieron dos cosas importantes: Dios juzgó y Dios tuvo misericordia.

Dios juzgó a Adán y a Eva por su desobediencia. La vida continuaría, pero sería más dura. El dolor, el pecado y la muerte estaban ahora en el mundo.

El pecado es rebelarse; es rechazar el buen plan de Dios para nosotros porque creemos que sabemos más. Cuando pecamos mintiendo, por ejemplo, es porque creemos que la mentira es mejor para nosotros que la verdad que Dios nos llama a decir.

El pecado está en cada persona en todo el mundo. Nos afecta a todos de diferentes maneras. El pecado hace que algunas personas sean crueles, que sean poco amables con quienes no se parecen a ellas. El pecado hace que algunos sean egoístas y que no quieran compartir todas las cosas que Dios les ha dado.

El pecado causa problemas, pero no es todopoderoso. No tiene la última palabra porque no creó al mundo, Dios lo hizo. Él nunca deja de cuidarnos. Con la ayuda de Dios, podemos resistir el pecado. Podemos ser mejores. Podemos comenzar de nuevo.

Después de que Adán y Eva desobedecieron, la vida continuó. Dios hizo una promesa de que algún día uno de los descendientes de Eva tendría un hijo que derrotaría a los enemigos de la humanidad: el pecado y la muerte. Jesús era parte de los planes de Dios incluso antes de que las cosas salieran mal. Siempre ha sido una luz en lugares oscuros, señalándonos el camino hacia adelante.

El agua y la lista

Los descendientes de Cam fueron Cus, Mizraim, Fut y Canaán.
Génesis 10:6

Dios hizo personas creativas. Hicieron ciudades, arte y música. Cantaban, bailaban y hacían ropa, zapatos y herramientas. Surgieron ciudades y pueblos que eran tan diversos como la gente que Dios creó. Nacieron profesiones. Había narradores de historias, sanadores, guerreros, agricultores y pastores. La gente descubrió nuevas formas de hacer comida y combinaron por primera vez diferentes sabores. (Estoy seguro de que la pizza no se había inventado todavía; eso llevó un tiempo).

Los narradores de historias transmitían sabiduría y los padres enseñaban a sus hijos a hablar, a caminar y a vivir. Mamá y papá les mostraban a las niñas y a los niños cómo cultivar un huerto, cazar y construir cosas.

Pero los humanos también pecamos. Pecamos mucho. Nos lastimamos los unos a los otros. Matamos. Robamos a los pobres y somos crueles con los débiles. Tratamos la vida como un juego en el que hacemos todo lo posible por ganar, incluso si eso significa romper las reglas o herir a otras personas. Adoramos a dioses falsos. El impacto del pecado siguió creciendo. El pecado se propagó como un virus. Parecía que todos estaban enfermos.

A Dios no le gustaba la enfermedad del pecado. No le gustaba la forma en que los humanos se trataban entre sí y decidió enviar un diluvio para castigar al mundo por su rebelión. Pero también mostró misericordia. Le dijo a un hombre llamado Noé que construyera un gran barco y trajera a bordo a todos los animales de diferentes clases. La familia de Noé y los animales estarían a salvo en el barco.

Noé debe haberse sorprendido cuando Dios le dijo que construyera ese barco enorme. Debe haberse sorprendido de que Dios le hablara. Luego estaba el problema de sus amigos y familiares. ¿Qué pensarían de un enorme barco construido tan lejos del agua? ¿Qué pensarían de Noé dando vueltas por el lugar, persiguiendo ardillas y lagartijas para un viaje en barco?

Es probable que Noé se haya preguntado: *¿Por qué Dios se preocupa tanto por los animales? ¿En realidad extrañaría a los gansos?*

Entonces Noé recordó que Dios planeaba rescatar a los animales y a su familia porque es misericordioso. Ama a todas las maravillosas criaturas que ha creado. Incluso cuando Dios juzga, encuentra lugar para la misericordia. Esta es una buena noticia.

El diluvio cubrió la tierra y muchas cosas fueron destruidas, pero aquellos en el barco sobrevivieron.

Después del diluvio, Dios hizo una promesa: «Nunca más juzgaré al mundo con un diluvio». Esta promesa de mostrar misericordia le dio a Noé y a su familia esperanza en un tiempo oscuro.

Cuando la familia de Noé salió del barco, Dios les dio el mismo mandato que les había dado a Adán y a Eva: «Tengan muchos hijos. Llenen el mundo con personas creadas a mi imagen».

La Biblia nos da una lista de estas personas que comenzaron a llenar el mundo. Al principio, la lista puede parecer muy aburrida.

Les daré una muestra de Génesis 10:13-14: «Mizraim fue antepasado de los ludeos, los anameos, los lehabitas, los naftujitas, los patruseos, los caslujitas y los caftoritas, de los cuales descendieron los filisteos».

Leer esta lista es tan emocionante como leer una hoja de problemas de matemáticas. ¿Por qué Dios pone todos estos nombres después de la historia del diluvio? Los nombres representan diferentes grupos étnicos, naciones y comunidades. Forman una lista de todas las personas que descendieron de los tres hijos de Noé.

Esta lista no es solo un montón de nombres. Esta lista cuenta una historia. Cuando dices los nombres de tus padres y abuelos, no solo estás diciendo nombres. Esos nombres llevan consigo tu historia.

Los nombres representan vidas de alegría y de dolor. Tú eres el resultado de esas historias, incluso de las difíciles. Eres una buena noticia. No importa cómo hayas llegado aquí, eres un regalo. Eres una historia.

Esta lista de nombres del Génesis solo forma parte de una lista más larga de los miembros de *nuestra* familia. Cuentan la historia de cómo llegamos a ser lo que somos. Son un recordatorio de que no importa de dónde seas o de qué color seas, eres una parte importante de la familia humana creada por Dios.

Dios no clasifica a los humanos ni hace que un grupo sea mejor que otro. Ningún grupo o nación puede afirmar que es mejor que otro, porque todos somos familia; pero Dios nos dio esta lista de nombres por una razón aún más importante que esa. Toda la familia humana, incluso después del diluvio, necesitaba ser rescatada del pecado. El problema del pecado todavía no estaba resuelto.

En unas cuantas páginas, conoceremos a un hombre llamado Abram. Veremos que Dios le dio a Abram una misión para bendecir al mundo. ¿Quiénes componen este mundo al que Dios lo envía a bendecir? ¡Las naciones y los grupos étnicos de la lista!

El plan de Dios siempre ha incluido rescatar a personas de todas las naciones del mundo. Dios siempre ha querido una familia grande y diversa, y estamos a punto de ver cómo se desarrolla ese plan.

GÉNESIS 11:1-9

Babel: Unidos por las razones equivocadas

Hubo un tiempo en que todos los habitantes del mundo hablaban el mismo idioma y usaban las mismas palabras.
Génesis 11:1

A veces te reúnes con tus amigos o familiares para hacer cosas buenas y divertidas. Tal vez vayas a la playa y decidas construir un castillo de arena. O quizás te reúnas con tus hermanos para jugar al *Monopoly* o para hacer una pizza casera.

Otras veces, la gente se junta para hacer algo malo, como ser cruel con el niño nuevo de la escuela. Los grupos pueden ser complicados. Esta es la historia de un grupo complicado.

Después del diluvio, Dios le dijo a la gente que se multiplicara y llenara la tierra con personas que reflejaran su imagen. Pero ellos siguieron un plan diferente.

La gente comenzó a mudarse hacia el este, a un lugar llamado Sinar; pero en lugar de seguir dispersándose y formar nuevas comunidades, decidieron detenerse. Tal vez encontraron un buen lugar junto a un cuerpo de agua, o tal vez la hierba creció un poco más en esa zona.

Quizás las ovejas y el ganado simplemente estaban cansados. Tal vez la gente estaba cansada. Los viajes por carretera me agotan, ¡y voy en un auto, no a pie ni en el lomo de un burro!

Detenerse es fácil. Avanzar puede ser difícil.

En lugar de llenar el maravilloso y diverso mundo de Dios con más personas hechas a su imagen, la gente decidió construir una ciudad y una torre. Se reunieron y decidieron: «Somos buenos haciendo ladrillos. Hagamos algunos ladrillos y cemento y construyamos una ciudad. Hagamos casas para nuestras familias y un mercado para vender nuestras cosechas y carne. Construyamos nuestra propia vida independiente que nadie pueda quitarnos. ¡Nuestra ciudad será conocida en todo el mundo! ¡Seremos famosos!».

Dios no odia las ciudades ni los ladrillos ni las torres. El problema era que esta ciudad tenía un propósito malo. La gente quería construirla para hacerse un nombre.

¿Qué significa hacerse un nombre? Significa hacer algo que sea recordado. Estas personas querían ser las estrellas de la historia. No querían usar su creatividad para glorificar a Dios, sino a sí mismos. Volvernos famosos puede hacernos creer que no necesitamos a Dios ni a otras personas. Las cosas siempre salen mal cuando nos convertimos en los héroes de la historia de Dios.

Los humanos somos buenos en muchas cosas, pero Dios es el

mejor en cuidarnos. Cuando dependemos de nosotros mismos en lugar de depender de Él, los problemas están a la vuelta de la esquina.

Las personas en esta historia también querían evitar esparcirse por toda la tierra. El mundo puede ser un lugar aterrador, en especial de noche. A veces parece más seguro esconderse donde uno se siente cómodo, pero Dios prometió estar con su pueblo dondequiera que fueran. No moverse era no confiar en que Dios tenía algo bueno guardado para ellos.

Las personas pudieron trabajar en esta torre y en esta ciudad porque todos hablaban el mismo idioma. Una persona podía decir: «Pásame el ladrillo», y la persona a su lado entendía lo que quería decir.

Todos estaban muy impresionados con su ciudad y su torre. Sus ladrillos recién hechos se veían perfectos a la luz de la luna. Pero Dios no estaba impresionado. Desde la perspectiva del Dios que hizo el mundo, la ciudad y la torre eran como los garabatos de un niño de preescolar en la tierra.

Dios ama las cosas que hacemos si las hacemos por las razones correctas, pero esta torre fue hecha por las razones equivocadas. Fue un ejemplo de personas que se unieron para hacer el mal en lugar del bien.

Dios detuvo la obra de la gente al hacer que hablaran diferentes idiomas. Ahora bien, cuando alguien decía: «Pásame el ladrillo», su vecino ya no entendía. No podían seguir construyendo la ciudad si no podían hablar entre ellos. En lugar de permitir que la gente siguiera trabajando unida para hacer el mal, Dios los separó para que pudieran dispersarse y hacer el bien en el mundo. A veces nos conviene que nos digan que no, en especial si nos impide hacernos daño a nosotros mismos o a los demás.

Sería fácil pensar que una variedad de idiomas fue el castigo en esta historia, pero eso sería un error. Dios siempre quiso que su pueblo se dispersara y creara cosas nuevas. El juicio de Dios también fue un acto de bondad.

Pero la familia humana nunca estuvo destinada a estar dividida para siempre. Dios tenía un plan para a unir a su pueblo nuevamente. Este plan comenzó con una persona. Un hombre llamado Abram. Lo conoceremos pronto.

GÉNESIS 11:24–17:27

Dios, Abraham y la súper gran promesa

Todas las familias de la tierra serán bendecidas por medio de ti.
Génesis 12:3

La Biblia puede parecer una historia muy grande. ¡Y lo es! Es la historia de un Dios muy grande que creó todo lo que vemos, tocamos y sentimos.

En otras ocasiones, la historia de la Biblia puede parecer muy pequeña. Toda la escena cabe en un dormitorio o en un armario.

En la historia de Abram, la historia de Dios se reduce a una conversación entre Dios y una persona. Las pequeñas historias pueden tener consecuencias muy grandes. (*Consecuencia* es una palabra elegante para «resultado»). Esta pequeña historia tuvo consecuencias tan grandes como para cambiar el mundo.

La historia comenzó con Taré, el padre de Abram quien decidió hacer algunos cambios. Dejó su hogar en Ur y viajó hacia un lugar llamado Canaán, pero nunca llegó allí. En cambio, eligió quedarse en Harán. Taré murió en Harán, y su hijo Abram continuó viviendo allí.

Todo eso cambió cuando Abram tuvo el encuentro más inesperado de toda su vida: ¡se encontró con Dios! Dios le dijo a Abram que dejara a su familia y su hogar. ¿Cómo pudo Abram explicarles este cambio de planes a su esposa y a sus parientes? ¿«Nos estamos mudando porque el Dios que hizo todo vino a mí y me dijo que me fuera»?

Dios le dijo a Abram que fuera a la tierra que le mostraría, y le hizo promesas enormes, del tamaño de Dios. Dios prometió convertir a Abram en una gran nación. Prometió engrandecer su nombre. Lo que el pueblo de Babel trató de hacer por sí mismo, Dios lo haría con Abram como un regalo. Dios prometió bendecir a todos los pueblos del mundo a través de Abram.

La conversación de Dios con Abram contenía una súper promesa para todo el mundo.

¿Por quiénes se preocupa Dios? Se preocupa por todos en el mundo entero. Etíopes, alemanes, mexicanos, argelinos, coreanos, australianos y rumanos que confían en Dios son prueba de que él cumple sus promesas. No hay naciones ni pueblos fuera del amor de Dios.

Dios no eligió a Abram porque él era especial. Abram era especial porque Dios lo eligió. Las promesas de Dios deben haber parecido imposibles para Abram. Su esposa, Sarai, no había podido tener hijos. Es probable que la idea de que la familia de Abram se convirtiera en una gran nación le pareciera equivalente a despertar con la capacidad de volar o volverse invisible.

La parte más difícil de cualquier promesa es esperar. Dios le prometió mucho a Abram, pero su vida siguió siendo difícil. Era peligrosa. Abram ya era un hombre viejo y quizás temía morir demasiado pronto para tener hijos propios.

Una noche, Dios llevó a Abram afuera y le dijo que mirara hacia arriba. A veces Dios tiene que hacer eso. Tiene que llevarnos a un lugar donde podamos ver lo que es posible con él. Dios le dijo a Abram que contara las estrellas, si podía. ¿Alguna vez has tratado

de contar todas las estrellas? ¡Es imposible! Dios le dijo: «¡Esa es la cantidad de descendientes que tendrás!». Abram creyó lo que Dios prometió, y su confianza agradó a Dios.

Dios le advirtió a Abram que las cosas se pondrían difíciles. «Tus descendientes serán esclavos en Egipto durante cuatrocientos años. Morirás de viejo y descansarás en paz. Después de su esclavitud, los traeré a la tierra que te prometí».

Dios hizo un pacto con Abram. Un pacto es un trato entre dos personas. Normalmente, ambas partes tienen que prometer algo. Por ejemplo, si aceptas limpiar tu habitación a cambio de helado, hay dos partes en el acuerdo. Tú tienes que limpiar y tus padres tienen que darte el helado.

En este pacto, solo Dios tenía que hacer algo. Abram no tenía que hacer nada todavía. Esta es una buena noticia. Si hubiera sido por Abram, hubiera encontrado una manera de arruinarlo, pero como dependía de Dios, era seguro que la promesa se cumpliría. Todas las esperanzas de Abram estaban basadas en lo confiable que es Dios, como también todas *nuestras* esperanzas.

Dios cumplió su promesa. Aunque eran muy viejos y parecía imposible, Abram y Sarai tuvieron un hijo llamado Isaac.

Dios les dio a Abram y a Sarai nuevos nombres. El nombre de Sarai se cambió a Sara, y el de Abram se cambió a Abraham. Abram significa «padre», pero Abraham significa «padre de muchos». Los «muchos» son todos los diferentes tipos de personas que vendrían de Abraham y de su familia. Ni siquiera se puede pronunciar el nombre de uno de los personajes más importantes de la Biblia sin oír hablar del amor de Dios por la diversidad. Dios bendijo a Abraham, el padre de muchas naciones.

GÉNESIS 18–48

José y sus dos hijos: Efraín y Manasés

Ahora reclamo como hijos míos a estos dos muchachos tuyos, Efraín y Manasés, quienes nacieron aquí en la tierra de Egipto antes de que yo llegara. Ellos serán mis hijos.
Génesis 48:5

Dios cumplió su palabra: Isaac fue el hijo prometido de Abraham. A través de Isaac y de sus hijos Dios haría grandes cosas por las naciones.

Isaac tuvo dos hijos, Esaú y Jacob. Dios eligió a Jacob para continuar su plan de bendecir a la gente del mundo.

Jacob tuvo muchos hijos: doce varones y una niña. José, uno de los niños, soñó con algunas cosas interesantes. Con gran emoción, les contó a sus hermanos y padres sobre estos sueños. Les dijo: «Soñé que todos se inclinaban ante mí. Todos ustedes, incluyendo a mamá y a papá».

Cualquiera que tenga un hermano puede entender por qué los sueños de José no fueron muy bien recibidos. Sus hermanos pensaron: *¿Quién se cree José que es, nuestro rey o algo así? Le mostraremos lo que sentimos por él y sus sueños*.

Los hermanos de José decidieron hacer algo muy cruel. Un día lo atraparon lejos de casa. Se abalanzaron sobre él, le quitaron su manto y lo arrojaron a un pozo. José estaba asustado y triste, traicionado por aquellos que decían amarlo. Sus hermanos lo vendieron como esclavo y, finalmente, fue llevado a Egipto. Incluso fue a prisión después de que lo acusaran de algo que no había hecho.

Mientras José estaba en prisión, conoció al copero del faraón. El faraón era el gobernante de Egipto y el trabajo del copero era asegurarse de que la comida del faraón fuera segura para comer.

El copero se había metido en problemas con el faraón y lo encarcelaron. Le preocupaba no volver a trabajar para el rey. Tuvo un sueño sobre su futuro y le pidió a José que se lo explicara.

Dios ayudó a José a entender lo que significaba el sueño. Le dijo: «Recuperarás tu antiguo trabajo y cuando lo hagas, acuérdate de mí». El faraón volvió a contratar al copero, pero este se olvidó de José.

Un día, el faraón tuvo un sueño que necesitaba interpretación. El copero le dijo al faraón que José podía entender los sueños y José fue liberado de la prisión.

José le dijo al faraón que su sueño se refería a una hambruna que se acercaba. (Una hambruna es cuando un país no tiene suficiente comida para alimentar a su gente. No me refiero a que no haya suficiente comida para una segunda ración en la cena. Me refiero a que no haya suficiente comida para vivir. Cuando esto sucede, la gente suele abandonar el lugar donde no hay comida y se dirige a un lugar donde sí haya comida. Esto era así en los tiempos bíblicos y también lo es hoy en día. Muchas personas en el mundo no tienen suficiente comida para comer).

El sueño del faraón mostraba que Egipto tendría siete años de abundancia para comer, pero luego vendrían siete años en los que las cosechas fallarían y no habría suficiente comida.

José le dijo al faraón que guardara comida extra en los primeros siete años para que la nación no fuera destruida por la hambruna.

Quería evitar que la gente muriera de hambre. Dios usó a José para salvar a personas que hubieran muerto de hambre.

El sueño que Dios envió al faraón no era solo para él. La visión era para el bien de personas comunes, quienes sufrirían más en una hambruna. Dios mostró su preocupación por los trabajadores, las mamás, los papás, los niños. Dios tiene misericordia de los necesitados y nosotros podemos hacer lo mismo. Podemos ayudar a los hambrientos aun cuando Dios no nos haya dado un sueño como advertencia.

El faraón quedó impresionado con José después de que le explicó el sueño. Entonces lo puso a cargo de la comida. Él sería la segunda persona más importante en todo Egipto. José, uno de los miembros de la familia de Abraham, estaba siendo una bendición para otra nación, tal como Dios había prometido.

Los hermanos de José tenían dos opciones: morir de hambre o hacer un viaje a Egipto. Eligieron viajar. Cuando llegaron a Egipto, ¿quién estaba allí para darles la comida que necesitaban para sobrevivir? ¡José! Pero no lo reconocieron. Al final, él les dijo quién era y la familia se reunió.

Sus hermanos tenían miedo. ¿Qué pasaría si José intentaba vengarse de ellos?

José calmó sus miedos y les dijo: «Ustedes hicieron algo malo, pero Dios usó esa mala acción para salvar muchas vidas. Veo su mano en todo lo que me pasó. No tengan miedo, yo los cuidaré».

Ahora, la segunda reunión familiar. Mientras José vivía en Egipto, se casó con una mujer egipcia llamada Asenat. Juntos tuvieron dos hijos, Efraín y Manasés. Estos muchachos provenían de dos mundos: el mundo israelita de su padre y el mundo egipcio de su madre. José les enseñó a confiar en Dios en una tierra extraña.

Jacob, su abuelo, se estaba muriendo, así que José decidió llevar a sus dos hijos a ver a su abuelo antes de que falleciera.

Jacob dijo: «Dios se me apareció en Canaán. Prometió convertirme en una gran nación. Me dijo que esta nación sería diversa, compuesta por personas de todas partes». Dios primero le hizo esta promesa a Abraham, repitió la promesa a Isaac, el hijo de Abraham, y luego la compartió con Jacob, el hijo de Isaac. Los miembros de la familia cambiaron, pero la promesa de Dios no.

Jacob tuvo una idea. Adoptó a estos dos muchachos mitad egipcios y mitad israelitas. Hizo de Efraín y Manasés el comienzo de dos de las doce tribus de Israel.

La historia de Efraín y Manasés nos muestra lo que siempre se supuso que sería la familia de Dios: personas de todas las naciones reunidas para adorar a Dios.

ÉXODO 1:1-2:10

Jocabed, Pua y Sifra: Mujeres muy valientes

Sin embargo, como las parteras temían a Dios, se negaron a obedecer las órdenes del rey, y también dejaron vivir a los varoncitos.
Éxodo 1:17

Dios cumplió sus promesas a Abraham, a Isaac y a Jacob. Mientras vivían en Egipto, el pueblo de Israel se multiplicó. Aunque Egipto era un imperio poderoso con mucho dinero y un gran ejército, los egipcios tenían miedo de lo grande que se estaba volviendo Israel.

Para evitar que la familia de Abraham creciera, el faraón esclavizó al pueblo de Israel. Obligó a los israelitas a trabajar duro para construir ciudades en Egipto. Sufrieron largas y calurosas jornadas de trabajo bajo un sol castigador. Los gobernantes egipcios no mostraron compasión por Israel.

Con demasiada frecuencia, las personas con poder lo utilizan para obtener más cosas para sí mismos. Esto lastima a las personas que no tienen a nadie que los defienda. El faraón tenía poder, Israel no. Pero Dios estaba con los israelitas y ellos continuaron creciendo. El odio del faraón no era más poderoso que el amor de Dios.

El faraón decidió hacer más daño. Tuvo un plan oscuro para destruir el futuro de Israel. Habló con Pua y Sifra, dos mujeres que ayudaban a dar a luz a los bebés de los israelitas. Faraón les dijo: «Si el bebé es niño, mátenlo; pero si es niña, déjenla vivir».

Pua y Sifra tenían que tomar una decisión. Podían mantenerse a salvo y darle la espalda a su pueblo. Después de todo, el faraón tenía poder sobre sus vidas y podía hacerles las cosas difíciles si desobedecían, incluso podía matarlas. Es probable que Pua y Sifra pasaran mucho tiempo en oración y conversando en voz baja sobre qué hacer. Decidieron amar a Dios y a su pueblo más de lo que temían a faraón. Estas mujeres tenían corazón y coraje.

El pueblo de Dios a veces debe decir que no a las órdenes malvadas de los gobernantes. Quizás Pua y Sifra no sean tan famosas como David o Salomón, pero no habría David ni Salomón si estas mujeres comunes no hubieran demostrado una valentía extraordinaria. Eran heroínas.

Durante este tiempo, una mujer israelita llamada Jocabed tuvo un hijo. Lo alimentó en secreto y lo mantuvo lejos de las miradas indiscretas. Él era su alegría en privado, pero se volvió demasiado difícil mantenerlo oculto. Necesitaba un nuevo plan.

Jocabed tuvo una idea. Tal vez podría conseguir a alguien que protegiera a su bebé. Un día, Jocabed y su hija pusieron al bebé en una canasta y lo dejaron flotando río abajo. La canasta estaba bien hecha para que el pequeño no se hundiera mientras se balanceaba y rebotaba.

Su hermana vigilaba para ver qué le pasaría a su hermano. Se quedó temblando en la orilla del río, con esperanza y miedo a la vez.

¡Su plan funcionó!

La hija del faraón se estaba bañando en el río cuando encontró al bebé llorando en su canasta. Lo vio y tuvo compasión.

Esta era la oportunidad de su hermana. Corrió hacia la hija del faraón y le dijo:

—Veo que encontraste a un niño hebreo. Conozco a alguien que puede ayudarte a cuidarlo.

La hija del faraón dijo:

—¡Qué buena idea!

La hermana del niño corrió a casa y le dijo a su familia: «Ha sido rescatado. La hija del faraón lo vio y lo adoptó. Y se pone aún mejor. Me ofrecí a buscar a alguien que cuidara al bebé. ¡Date prisa, mamá, vámonos!».

Jocabed debió estar sorprendida y llena de alegría. Fue a encontrarse con la hija del faraón y aceptó cuidar al bebé.

La hija del faraón decidió criar al niño como si fuera suyo y lo llamó Moisés.

Moisés creció y pudo hacer cosas importantes para Dios gracias a las mujeres valientes que arriesgaron todo para salvar a los bebés varones de Israel.

ÉXODO 2:11–12:50

El éxodo: Un Dios de libertad

He visto la opresión que sufre mi pueblo en Egipto.
Éxodo 3:7

Moisés creció como parte de la familia del faraón, rodeado de egipcios.

Se sentía diferente porque no era como los demás niños y niñas que lo rodeaban. Era israelita y veía cómo su pueblo era tratado. Su dolor lo enfureció.

Cierto día, cuando Moisés ya era adulto, vio a un egipcio golpeando a un esclavo israelita. Los repetidos golpes y los lamentos de su compatriota lo enfurecieron tanto que mató al egipcio. Moisés tenía razón en estar molesto por la esclavitud de su pueblo, pero estaba equivocado al tratar de resolver el problema por su cuenta sin la ayuda de Dios.

Moisés huyó de Egipto a una zona llamada Madián. Se quedó a vivir allí y se casó con una mujer llamada Séfora. Quizás él había renunciado a ayudar a su pueblo, pero Dios no.

Moisés pensó que su historia terminaría en fracaso. Pero la especialidad de Dios son las segundas oportunidades. Siempre hay más gracia.

Mientras Moisés estaba en Madián, el pueblo de Dios en Egipto continuaba lamentándose bajo su esclavitud. Clamaban a Dios por ayuda. La buena noticia es que Dios los escuchó. Recordó las promesas que le había hecho a Abraham, a Isaac y a Jacob.

Una tarde, Moisés estaba cuidando las ovejas de su suegro cuando vio algo que cambiaría su vida. Vio al ángel del Señor en una llama dentro de una zarza. La zarza ardía, ¡pero no se quemaba! Moisés fue a mirar más de cerca.

Dios lo llamó desde la zarza:

—¡Moisés! ¡Moisés!

Moisés, sorprendido, respondió:

—Aquí estoy.

Dios le dijo a Moisés:

—No te acerques más. Quítate las sandalias porque estás pisando tierra santa. Yo soy el Dios de tu padre, el Dios de Abraham, de Isaac y de Jacob. He visto cómo los egipcios tratan a mi pueblo y he venido a liberarlos. Los llevaré a una tierra maravillosa que tiene todo lo que necesitan. Debes ir al faraón para traer libertad a mi pueblo.

El fracaso había cambiado a Moisés. Él no creía que pudiera guiar a su pueblo, y tenía razón en eso. Solo podía hacerlo porque Dios estaría con él. Moisés no es el héroe de esta historia. Dios lo es.

Moisés quería saber qué hacer si el pueblo le preguntaba quién lo había enviado. Quería saber el nombre de Dios.

Dios respondió:

—Yo SOY EL QUE SOY.

Puede parecer una respuesta extraña. ¿Qué significa?

El nombre de Dios significa muchas cosas, aunque aquí significa que nadie creó a Dios. Él estaba aquí antes de que hubiera un antes. Yo SOY significa que Dios es el comienzo de cada conversación, el

protagonista de cada película, el héroe de todas nuestras historias. Pero también tiene un nombre. Un nombre significa que podemos conocerlo, que podemos ser sus amigos. Él es quien libera a los esclavos para que le adoren.

Moisés tenía dos problemas en Egipto: el faraón no quería dejar ir a Israel, e Israel había perdido la esperanza. Dios resolvió ambos problemas de la misma manera. Cuando el pueblo ya no tenía ánimo para luchar, Dios luchó por ellos.

Dios envió plagas sobre los egipcios, incluyendo langostas, granizo y tres días de profunda oscuridad para mostrar que él era todopoderoso y que debían dejar ir a Israel. A pesar de las plagas, el faraón se negó una y otra vez y las cosas empeoraron cada vez más.

Hubo una plaga final. Dios le ordenó a Moisés que le dijera al faraón que todos los hijos primogénitos de Egipto morirían. Los israelitas no pasarían por esta tristeza si seguían las instrucciones de Dios. Cada familia tenía que ofrecer un cordero como sacrificio a Dios. Luego, debían tomar la sangre de la ofrenda y ponerla en las puertas de sus casas. Cuando el Señor envió el castigo a Egipto, prometió *pasar por alto* las casas de las personas que habían hecho esto.

Dios pasó por alto a los israelitas esa noche. Este es un evento que el pueblo judío recuerda todos los años en la festividad de la Pascua.

Finalmente, el faraón cedió y dejó ir a los israelitas. Otros grupos étnicos en Egipto vieron cuán poderoso era el Dios de Israel. Vieron que le importaba el sufrimiento de los esclavos. Algunas de estas personas decidieron irse con Israel, haciendo que la familia de Dios fuera más diversa.

La historia de Moisés e Israel tiene muchas partes que nos entristecen. Hay mucha muerte y maldad. También hay mucho de Dios. Él ve cuando la gente sufre y él la ayuda.

La historia del éxodo, la huida de Egipto, es muy importante para Israel. También es importante para Dios. Esta historia nos ayuda a entender quién es Dios y cómo es él. Es un Dios que rescata a los necesitados. Es un Dios que quiere una familia grande y diversa que alabe su nombre.

LOS LIBROS DE ÉXODO Y DEUTERONOMIO

Las leyes de Dios y la justicia de Dios

Debes actuar con justicia con los huérfanos y con los extranjeros.
Deuteronomio 24:17

¿Para qué Dios rescató a su pueblo de la esclavitud en Egipto? Lo hizo para cumplir su promesa a Abraham.

Dios le había prometido a Abraham que le daría a su familia una tierra propia. Todos quieren sentirse seguros y en casa, donde sean amados. Dios también quería eso para su pueblo.

También hay otra razón. Dios rescató a Israel de la esclavitud para que pudieran vivir por completo para él. Quería que su pueblo fuera un ejemplo de vida con Dios para que otras naciones también quisieran conocerlo.

Pero ¿cómo es vivir con Dios? ¿Cómo lo harían los israelitas? Cuando Moisés sacó al pueblo de Egipto, llegaron al Monte Sinaí. Allí fue donde Dios le dio a Israel las leyes que les mostrarían cómo adorarle y obedecerle.

Toda familia tiene reglas. A veces las reglas pueden ser frustrantes, pero no son malas. Evitan que nos hagamos daño a nosotros mismos y a los demás. Es una buena noticia que los padres no dejen que sus hijos coman dulces en el desayuno, en el almuerzo y en la cena. Sería fantástico, pero nos daría dolor de estómago.

Las leyes de Dios son así también. Nos impiden herir a la gente.

Nos dan maneras de agradecerle a Dios cuando le obedecemos.

Las leyes nos enseñan acerca del Legislador. Las leyes de Dios son una imagen de lo que él quiere que sea su pueblo.

Las leyes de Dios pintan una imagen de una buena vida.

También podemos ver las leyes de Dios como protección. No siempre somos amables los unos con los otros. A veces hacemos cosas malas. Las leyes de Dios ayudaron a Israel a saber qué hacer cuando las cosas iban mal.

Dios hizo muchas leyes sobre cosas como, por ejemplo: adorarlo de la manera correcta, decir la verdad, honrar a los padres y no robar ni lastimar a la gente. Estas leyes son importantes.

Algunas leyes en particular son una clara señal del corazón compasivo de Dios. En el libro de Éxodo, Dios advirtió a Israel que no fuera cruel con la gente de otros países. Los israelitas habían sido extranjeros en Egipto; por lo tanto, sabían lo que era ser extranjero. Cuando los egipcios veían a alguien de otro país, usaban eso como una razón para ser crueles. Se esperaba que el pueblo de Dios actuara de manera diferente. Dios esperaba que los israelitas trataran a las personas de otros países de manera justa.

A Israel le sucedieron cosas duras. Fueron esclavos durante muchos años, pero se suponía que esas cosas duras ablandarían sus corazones. Ese dolor los ayudó a entender lo difícil que era sufrir

para otras personas. Cuando Dios liberó a su pueblo de la esclavitud, les mostró el tipo de Dios al que servían y demostró cómo es el amor. Dios le ordenó a Israel que extendiera ese amor a los demás.

La compasión de Dios también es clara en sus leyes respecto a los pobres. Dios prometió bendecir al pueblo de Israel con mucha comida si obedecían sus leyes, pero tenía reglas sobre la recolección de alimentos. En la época de la cosecha, los israelitas debían dejar algo de comida en el campo o en el árbol para que todos tuvieran suficiente, en especial para las personas pobres o de un país extranjero.

Dios también quería asegurarse de que todos tuvieran un juicio justo. Advirtió a Israel que mostrara justicia a los ricos y a los pobres. Culpable es culpable. Inocente es inocente. Dios les dijo a los jueces que no aceptaran dinero de los ricos para comprar su libertad. Dios no quería que la gente con dinero y poder lo usara para dañar a otras personas o para obtener privilegios injustos para sí mismos.

¿Ves la imagen que Dios pintó con sus leyes? Dios quería que su pueblo le adorara y le obedeciera. Dios quería que su pueblo se amara entre sí. Dios quería que su pueblo cuidara de aquellos que son fáciles de olvidar.

Esta era una gran tarea. En los tiempos bíblicos, al pueblo de Dios le costaba mucho ser el tipo de personas descritas en sus leyes. A nosotros también. No siempre somos amables ni honestos. No siempre nos gusta compartir. No siempre nos gusta adorar. Pero eso está bien porque hay alguien que hizo todas las cosas que nosotros no podemos hacer. Él obedeció cada una de las leyes de Dios. Él es el tipo de persona que Dios quiere que seamos, y su vida pinta un retrato perfecto de cómo es Dios, pero esa parte de la historia aún no está aquí.

EL LIBRO DE JUECES

Los jueces: Las personas pierden su camino, pero Dios no

En esos días, Israel no tenía rey.
Jueces 18:1

El pueblo de Israel ocupó la tierra que Dios le había prometido. Mucho antes, Dios le había dicho a Abraham que sus descendientes no entrarían en la Tierra Prometida hasta que la gente que vivía allí cometiera suficientes pecados como para ser juzgada. Más adelante en la historia de Israel, los israelitas también cometerían muchos pecados y serían exiliados de la tierra. Dios juzga el pecado sin importar quién lo cometa, pero también muestra gracia aun cuando no lo merecemos. La buena noticia es que no siempre obtenemos lo que merecemos.

Israel ganó muchas batallas contra la gente que vivía en esa tierra, pero no porque fueran más fuertes que los otros ejércitos. Generalmente, los israelitas luchaban con armas viejas y de segunda mano, hechos con sus herramientas agrícolas. A menudo eran superados en número y tenían que luchar contra soldados con músculos más grandes y con más práctica. Pero Israel ganó. Israel ganó porque Dios los ayudó.

Después de que Moisés murió, Josué lo reemplazó como líder de Israel. Josué y la gente de su edad recordaron los largos y calurosos días en el desierto. Recordaron que Dios les dio comida en el

desierto cuando tenían hambre y agua cuando tenían sed. Recordaron las historias sobre cómo Dios luchó por Israel y los liberó de la esclavitud. Recordaron los castigos de Dios cuando sus padres adoraron dioses falsos en el desierto. Recordaron, recordaron y recordaron un poco más.

Dios les dijo a los israelitas: «Estas batallas restantes son una prueba para ver si en realidad quieren ser mi pueblo». La prueba no se trataba de la fuerza del ejército de Israel. Era una prueba de su confianza en Dios. Es fácil confiar en Dios cuando las cosas van bien, cuando somos felices y tenemos comida, ropa y un lugar donde vivir. Es más difícil confiar en Dios cuando no tenemos todo lo que necesitamos.

El tiempo después de la muerte de Josué no es una parte feliz de la historia de Israel. Todas nuestras historias tienen partes tristes. En esta parte de la historia de Israel, el pueblo dejó de confiar en Dios. Decidieron que los dioses falsos que adoraban otras naciones eran mejores que el Dios que los había rescatado de la esclavitud.

Es fácil olvidar las cosas que la gente hace por nosotros. Podemos olvidar todas las veces que nuestros hermanos nos dejaron jugar con sus juguetes. Solo recordamos cuando dijeron que no. Podemos decirle a nuestro maestro o padre: «Nunca me dejas divertirme», aunque sepamos que no es cierto. El pueblo de Israel olvidó una y otra vez.

Cuando olvidaron, Dios les dio lo que querían. Les permitió seguir su propio camino. Seguir su propio camino significaba que otros ejércitos los derrotarían. Después de todo, los israelitas no

eran fuertes sin Dios. Estas otras naciones hicieron que Israel les sirviera. La vida sin Dios condujo a más y más dolor.

Pero Dios amaba a Israel. Nunca olvidó sus promesas. Además, a Dios le encanta rescatar. Esa es su alegría. Cuando los israelitas clamaron a Dios pidiéndole que los salvara, envió jueces para rescatar al pueblo. Un juez en ese entonces no era exactamente como un juez de hoy. Ellos tomaban decisiones sobre las discusiones entre israelitas, pero también peleaban batallas y dirigían la nación.

Cierta vez, Dios envió a una jueza llamada Débora para rescatar a los israelitas. Ella era una profetisa. Eso significa que el Espíritu de Dios la ayudó a entender lo que Dios quería que hiciera el pueblo. El pueblo acudió a Débora para que ella los ayudara a resolver sus desacuerdos. Ella les mostró cómo obedecer las leyes de Dios.

Dios le dijo a Débora que hablara con un comandante militar llamado Barac. Se suponía que él debía guiar a Israel a la batalla, pero tenía miedo de ir a menos que Débora fuera también. Débora aceptó ir con él e Israel ganó la batalla. Israel tuvo paz durante cuarenta años gracias a Débora.

Luego Israel se olvidó de Dios otra vez. Otra nación los hizo esclavos y el pueblo clamó a Dios una vez más. Era como un programa de televisión que se repetía una y otra vez.

Dios los rescató una y otra vez, pero cada vez que el pueblo se olvidaba de Dios, se desviaba más hacia el mal y lastimaba a personas que no podían defenderse.

¿Por qué hicieron esto? El autor de Jueces cree que fue porque Israel no tenía un rey. Sin un rey que los guiara hacia Dios, la gente hacía lo que a ellos les parecía mejor. A veces, lo que nos parece bueno puede conducir al mal.

Dios prometió a Israel que les enviaría un rey para guiarlos por el buen camino. Un día, él enviaría a un Rey de la familia de David: Jesús, el Hijo de Dios. Aún no hemos conocido a David. Él está en camino.

Pero incluso antes de enviar al Rey prometido, Dios no se olvidó de su pueblo. Escuchó sus clamores. Envió a Débora y a muchos como ella para rescatar a Israel.

¿Podemos decidir por nosotros mismos cómo debemos vivir? ¿Necesitamos que Dios, nuestro Hacedor, nos muestre qué hacer? ¿O necesitamos un rey elegido por Dios para guiarnos? Las cosas malas que sucedieron en el tiempo de los jueces muestran que las personas necesitan a Dios y a un rey. Necesitamos a Dios *como* Rey. Recibimos precisamente eso de una manera que nunca hubiéramos imaginado: a través de la llegada de Jesús, quien era Dios por completo y humano por completo.

EL LIBRO DE RUT

Un Dios fiel y un amigo fiel: La historia de Rut

Rut se aferró con firmeza a Noemí.
Rut 1:14

En la época de los jueces, un hombre llamado Elimelec, su esposa Noemí y sus dos hijos, Mahlón y Quelión, vivían en Belén, una ciudad de Israel. Se mudaron a la tierra de Moab porque había una hambruna en Israel. ¿Recuerdas cuando hablamos de hambrunas antes, en la historia de José? Una hambruna ocurre cuando no hay suficiente comida para alimentar a todas las personas de un lugar.

Moab estaba fuera de la tierra que Dios prometió a Abraham y a su familia. El pueblo de Israel y el pueblo de Moab no siempre se llevaban bien. Pero Elimelec decidió que la comida en una tierra extranjera era mejor que la muerte en Israel. La familia hizo su vida allí. Los dos hijos se casaron con mujeres de Moab, Orfa y Rut.

Luego, esta triste historia empeoró. Elimelec, Mahlón y Quelión murieron. Ahora las tres mujeres eran viudas.

Noemí escuchó que la hambruna había terminado en Israel y decidió regresar a Belén. Su familia se había ido a una tierra extranjera en busca de esperanza y solo encontró tristeza y dolor.

Ella les dijo a sus dos nueras que regresaran a su pueblo en Moab. Orfa y Rut lloraron y abrazaron a Noemí. Orfa aceptó regresar a Moab, pero Rut se negó a dejar a Noemí. Rut la amaba demasiado como para abandonarla.

Noemí dijo:

—Tu cuñada regresó a su pueblo y a sus dioses. Tú deberías hacer lo mismo.

Pero Rut dijo:

—No me pidas que te deje. A donde tú vayas, yo iré; dondequieras que tú vivas, yo viviré. Tu pueblo será mi pueblo y tu Dios será mi Dios.

Rut demostró que estaba comprometida con Noemí, el pueblo de Dios y el Dios de Israel, pasara lo que pasara.

Noemí y Rut llegaron a Belén en el momento de la cosecha. Noemí tenía un pariente allí llamado Booz.

Rut tuvo una idea. Decidió ir a los campos donde se estaba cosechando el grano. ¿Recuerdas la ley de Israel que establecía que quienes cosechaban los campos debían dejar algo para los pobres y los extranjeros? Rut necesitaba esta ley para proveer para sí misma y para Noemí.

Rut salió para comenzar un largo día de duro trabajo recogiendo grano y terminó en el campo de Booz.

Cuando Booz la vio trabajando en los campos, le preguntó:

—¿Quién es esa joven?

Uno de los segadores respondió:

—Es la joven moabita que volvió con Noemí.

Booz le dijo a Rut:

—Trabaja solo en este campo. Quédate cerca de las mujeres que trabajan para mí.

—¿Por qué eres tan amable conmigo, una mujer extranjera? —le preguntó Rut.

—Oí acerca de cómo dejaste a tu familia y tu hogar para venir aquí y estar con Noemí —respondió Booz—. Que Dios te bendiga por lo que hiciste.

Dios había provisto para ellas, pero vendrían más provisiones.

Un día Noemí le dijo a Rut: «Hija mía, debo encontrarte un esposo que cuide de ti».

Esto puede parecernos extraño, pero la vida en los tiempos bíblicos no era como es ahora. Una mujer no podía simplemente conseguir un trabajo o alquilar un apartamento. Dependía de su marido para todo lo que necesitaba. Y Noemí tenía a alguien en mente para Rut: Booz. Él era una buena elección porque era honesto y amable, y como pariente del difunto marido de Rut, tenía el derecho legal de casarse con ella.

Noemí le dijo a Rut que se bañara, se perfumara y fuera a ver a Booz por la noche mientras él dormía. Ella debía entrar a escondidas y acostarse a sus pies. Esto era algo muy complicado de hacer. ¿Cómo respondería Booz?

Rut hizo lo que Noemí sugirió. Cuando Booz se despertó, le dijo:

—¿Qué está pasando? ¿Quién eres?

¿Alguna vez te has sorprendido cuando te despertaron en medio de la noche? ¡Entonces sabes cómo se sintió Booz!

Rut respondió:

—Soy Rut, tu sierva. Tienes el derecho legal de casarte conmigo.

Esto fue muy atrevido. Rut, una pobre mujer extranjera va a ver a Booz, un israelita rico, ¡y le ofrece la oportunidad de casarse!

Pero ¿adivina qué dijo Booz?

—Dios te bendiga. Me casaré contigo porque eres una mujer muy noble.

Todo salió como estaba planeado. Booz y Rut se casaron. Y una vez casados, tuvieron un hijo llamado Obed. Obed un día se convertiría en el padre de Isaí, quien sería el padre de David, el futuro rey de Israel.

Al principio, esto puede parecer una pequeña historia sobre dos mujeres, y lo es, pero Dios estaba en el medio de esta pequeña historia. Él se preocupa por la viuda, el extranjero y por la gente olvidada por el mundo.

También es una historia sobre el coraje, la fidelidad y la provisión de Dios. Rut era muy parecida a Abraham. Dejó todo lo que conocía por un futuro que permanecía en las manos de Dios. Al igual que Abraham y Sara, contra toda posibilidad, ella también tuvo un hijo. Ese hijo comenzó una línea de reyes que traería al único Rey verdadero, Jesús. La historia de Rut nos muestra que la familia de Dios es lo suficientemente grande como para incluir a cualquiera.

1 SAMUEL 8:4—2 SAMUEL 7:29

David y el Dios que nos ve

El Señor no ve las cosas de la manera en que tú las ves. La gente juzga por las apariencias, pero el Señor mira el corazón.
1 Samuel 16:7

La historia del abuelo de David, Obed, no sería posible sin la historia de Rut, quien era de Moab, no de Israel. La familia de Dios siempre ha estado formada por diferentes naciones y grupos étnicos. Pero ¿quién era David? David fue el segundo rey de Israel.

El primer rey de Israel se llamaba Saúl. El pueblo israelita le había pedido a Dios un rey, así como tenían las otras naciones. Querían a alguien alto, fuerte y apuesto. Querían a alguien que pareciera un rey y que peleara como un rey.

Dios siempre había planeado darle a Israel un rey cuando estuvieran listos. Pero no estaban listos, y querían un rey por las razones equivocadas. Querían un rey para ser como las otras naciones. Tratar de ser como otras naciones era rechazar a Dios como rey. Aun así, Dios decidió hacer lo que ellos querían. Envió a uno de sus profetas, Samuel, para que hiciera rey a Saúl sobre Israel.

Saúl ganó algunas batallas, pero no fue fiel a Dios. Entonces Dios le quitó el reino.

Dios le dijo a Samuel que había elegido a alguien para reemplazar a Saúl. Samuel estaba triste por el fracaso de Saúl. También tenía curiosidad por saber qué tipo de rey elegiría Dios a continuación. Se preguntaba: *¿Qué tan alto y fuerte será? ¿Cómo será? ¿Quién será?*

Dios no le dijo a Samuel qué tipo de rey debía esperar. Lo mantuvo en suspenso. Dios le dijo que uno de los hijos de Isaí de Belén sería el próximo rey. Cuando Samuel llegó a la casa de Isaí, vio primero al hijo mayor. Su nombre era Eliab.

Samuel pensó: *Este de seguro es el indicado. Eliab es alto y se ve bien. Parece que sabe qué hacer con una espada*.

Estamos acostumbrados a pensar que a Dios le gusta lo que nos gusta a nosotros y que Dios prefiere a las personas que creemos que son las mejores. Suponemos que a Dios también le desagradan las personas que a nosotros nos desagradan. Algunas personas pueden incluso verse tentadas a pensar que a Dios le gustan ciertas razas más que otras. Esto es un error.

Podemos creer que Dios prefiere a las personas que son buenas en los deportes, en el baile o que cantan mejor, más que a las personas menos talentosas. Esto es un error.

Podemos pensar que a Dios le gustan más las personas con dinero que las personas pobres. Esto también es un error.

Samuel se equivocó al pensar que la visión que Dios tenía de las personas era la misma que la suya.

Dios le dijo: «No te fijes en su apariencia ni en su altura. Así es como piensan los humanos. Yo miro el corazón de una persona». Dios rechazó a Eliab. Él no sería rey. Hubo muchos rechazos más en el camino.

Isaí presentó a su siguiente hijo, Abinadab. Dios le dijo que no. Luego, el siguiente hijo de Isaí, Sama, dio un paso al frente. Dios respondió que no otra vez.

En total, Isaí presentó a siete hijos, y Dios les dijo que no a todos ellos.

Samuel debe haber pensado que este viaje era una pérdida de tiempo. Estaba sorprendido y luego se resignó a todos los rechazos. Listo para darse por vencido, le preguntó a Isaí:

—¿Son estos todos los hijos que tienes?

—Tengo uno más —respondió Isaí con desconfianza.

Todos los rechazos habían sorprendido a Isaí. Pasó de pensar que uno de sus hijos podría ser rey a ser humillado por Dios, pero todavía había otro hijo, aunque era una posibilidad remota.

—Está el más joven —respondió Isaí—. Él cuida las ovejas.

Cuando David llegó, todo cambió. Dios le dijo a Samuel: «Ve y derrama aceite sobre la cabeza de este hijo. Él es el indicado». Samuel hizo lo que Dios le dijo, y el Espíritu de Dios se apoderó de David. El Espíritu ayudaría a David a gobernar. David era guapo

como muchos de sus hermanos, pero esa no fue la razón por la que Dios lo eligió. David se convirtió en rey porque tenía un corazón para Dios.

La elección de David por parte de Dios es importante porque muestra que no tenemos que ser los mayores o los más grandes para ser utilizados por Dios. A Dios le encanta poner esas reglas patas arriba.

Cuando David se convirtió en rey, hizo algunas cosas muy bien. Fue un poderoso guerrero y poeta. Escribió hermosas canciones sobre Dios e Israel. Aunque también, como rey, usó su poder en formas que no le dieron la gloria a Dios.

Aunque David hizo cosas malas, Dios le hizo una promesa. Le prometió que uno de sus hijos siempre gobernaría Israel. Esto sucedió una y otra vez. Algunos de los descendientes de David fueron buenos reyes. Otros fueron malos. Los éxitos y los fracasos de estos reyes llevaron a la gente a soñar con un gran rey que resolvería todos los problemas de Israel. Algunos decían que él defendería a los pobres y necesitados. Otros decían que él sería quien bendeciría a las naciones no judías tal como Dios le prometió a Abraham. Todos estaban de acuerdo en que este rey traería justicia y equidad al mundo.

Dios cumpliría sus promesas a David. Enviaría un Rey que se preocupara por los necesitados. Este Rey cumpliría todas las promesas de Dios a Abraham. David no sabía quién sería el futuro Rey, pero nosotros sí. Hemos conocido al que los profetas anhelaban ver: Jesús, el Rey prometido. Él está aquí.

LOS LIBROS DE 1 Y 2 DE REYES

Los reyes de Israel: Fracaso y esperanza

Cumple los requisitos del Señor tu Dios y sigue todos sus caminos. Obedece los decretos, los mandatos, las ordenanzas y las leyes que están escritos en la ley de Moisés, para que tengas éxito en todo lo que hagas y dondequiera que vayas.
1 Reyes 2:3

Salomón, el hijo de David, se convirtió en el siguiente rey de Israel. Ser rey es un trabajo duro, y ser el rey a cargo del pueblo de Dios debe haber sido el trabajo más duro del mundo. Salomón necesitaba un consejo, así que David se lo dio. Se supone que los padres deben enseñar a sus hijos las cosas que han aprendido sobre la vida. David le dio muchos consejos a Salomón, pero todos se resumieron en esto: «Sé fuerte y ten valor. Escucha al Señor. Obedece las leyes que Dios le dio a Moisés. Si haces esto, todo saldrá bien».

Salomón valoró este consejo. Se dio cuenta de que Dios sabía incluso más que su padre sobre lo que se necesitaría para ser un buen rey. *Hay muchas personas que me dan consejos sobre cómo vivir*, pensó Salomón. *Ser el líder del pueblo de Dios significa confiar en que Dios sabe más*. Así que le pidió a Dios que le diera sabiduría, y Dios hizo exactamente eso.

¿Qué dijo Dios en sus leyes sobre ser rey?

Salomón leyó que el rey debía servir al pueblo, no esperar que el pueblo lo sirviera a él. No debía comprar demasiados caballos ni tratar de tener toda la plata o todo el oro. Debía mantener cerca el libro de la ley de Dios y leerlo todos los días.

Ser rey implicaba más que leer las reglas sobre ser rey. Salomón vio que tenía que seguir y obedecer a Dios como todos los demás en Israel.

En su ley, Dios le recuerda a su pueblo una y otra vez que lo adore y confíe solo en él. ¿Dios necesita nuestra adoración? No, pero tendemos a volvernos como aquello que adoramos. Cuando Dios es nuestro héroe, nos volvemos cada vez más como él. ¿Qué podría ser mejor?

Salomón también leyó sobre la compasión de Dios por los pobres y los necesitados. Como el rey tenía mucho poder, podía asegurarse de que las personas fueran tratadas de manera justa.

Todo estaba en el libro de la ley de Dios. Dios sabía que la conducta del rey afectaría el comportamiento de la nación. Es como en tu casa. Es probable que vayas a la iglesia porque tus padres, abuelos o tutores te llevan. Antes de aprender a leer, necesitabas que alguien te leyera la Biblia. Todos necesitamos que alguien nos señale a Dios. Aunque ningún padre puede guiar a sus hijos hacia Dios a menos que lo conozcan ellos primero. El rey era como el padre de todo el país de Israel. Su trabajo era guiar a todos hacia Dios.

Salomón hizo algunas cosas buenas. Usó su sabiduría para ayudar a la gente a resolver sus desacuerdos. Construyó un templo para que la gente pudiera adorar a Dios allí, pero también construyó una

gran casa para sí mismo. Amaba el poder y el dinero más que a Dios. Hizo que el pueblo fuera su siervo en lugar de servir al pueblo y, lo peor de todo, adoró a dioses falsos.

Salomón no fue el único rey de Israel que no siguió la ley de Dios por completo. Muchos de los reyes adoraron a otros dioses y dejaron que el resto de la nación hiciera lo mismo.

Pero algunos reyes obedecieron a Dios. Un rey que siguió las reglas de Dios se llamaba Josías. Cuando era rey, el pueblo encontró el libro de la ley de Dios. Se había perdido en algún momento y los reyes no lo habían estado leyendo.

Cuando Josías escuchó todo lo que estaba escrito en la ley, se sintió muy mal. Josías dijo:

—Sé que Israel no ha estado obedeciendo la ley, pero debemos comenzar ahora —dijo, y les preguntó a los sacerdotes—: ¿Qué nos sucederá si seguimos ignorando las leyes de Dios?

Los sacerdotes le dijeron a Josías:

—Dios nos castigará si ignoramos sus leyes, pero como tú te has vuelto a él, Dios no juzgará a Israel mientras seas rey.

Josías sabía lo que tenía que hacer. Durante el resto de su vida, se puso como meta guiar a Israel hacia Dios.

Me gustaría poder decir que los reyes que vinieron después de él hicieron lo mismo, pero no fue así.

Siguieron adorando a dioses falsos y sacando ventaja del pueblo. Dios envió profetas para advertir a Israel y a los reyes sobre lo que sucedería si no cambiaban sus caminos, pero el pueblo no quería cambiar. Los reyes no querían cambiar. Después de más de cuatrocientos años de que Israel se negara a cambiar, Dios los juzgó por sus pecados.

Dios fue muy paciente. Dios no juzgó a los israelitas por su primer pecado ni por el centésimo, pero sí los juzgó al final. Permitió que una nación extranjera, Babilonia, entrara en Israel y destruyera el templo. Esta fue una de las cosas más tristes de la historia de Israel. El templo, donde se habían reunido para encontrarse con Dios, adorarlo y ofrecerle sacrificios, fue incendiado. Las casas y los jardines que el pueblo había construido fueron destruidos. Los israelitas tuvieron que mudarse a un país extranjero y servir a la gente de allí. Aun así, Dios prometió que un día los traería de regreso a la tierra que les había dado. Como Dios siempre cumple sus promesas, el pueblo tuvo esperanza.

El profeta Isaías y la importante misión de Dios

Después oí que el Señor preguntaba:
—¿A quién enviaré como mensajero a este pueblo? ¿Quién irá por nosotros?
—Aquí estoy yo—le dije—. Envíame a mí.
Isaías 6:8

Olvido cosas todo el tiempo. Olvido cosas importantes y tontas. Olvido dónde dejé mi suéter favorito. Una vez olvidé el cumpleaños de mi hermana (lo siento, Tasha). Los israelitas olvidaban cómo vivir como pueblo de Dios. Bueno, o se olvidaban o simplemente dejaban de hacer lo que Dios les pedía que hicieran. Cuando Israel olvidaba o ignoraba a Dios, Él enviaba profetas para recordarles lo que significaba vivir para Él.

Estos profetas eran inspirados por el Espíritu de Dios para decirle a Israel la verdad sobre lo que Dios quería. El Espíritu de Dios también les mostraba lo que Dios había planeado para su futuro. En este futuro, Israel obedecería a Dios y un Rey justo gobernaría.

Los profetas tenían un trabajo difícil, tal vez incluso más difícil que el trabajo del rey. Tenían que decirle al pueblo cuando estaban equivocados. A nadie le gusta que le digan que está equivocado. Aunque los profetas amaban tanto a los israelitas como para decirles que podían ser mejores.

Dios llamó a un profeta llamado Isaías para ayudar a los israelitas a recordar todas las cosas que habían olvidado. En el tiempo de Isaías, muchos israelitas estaban más preocupados por enriquecerse y construir casas cada vez más grandes que por ayudar a los pobres. Dios le dijo a Isaías que recordara a Israel que la verdadera adoración a Dios significaba preocuparse por la justicia. Isaías le dijo al pueblo: «Todos los servicios y sacrificios que ofrecen a Dios no importan si no viven para él. Defiendan a aquellos que son tratados injustamente por la sociedad. Busquen la justicia».

Isaías se armó de valor para seguir predicando, incluso cuando eso significaba que la gente no lo querría. Le dijo a Israel: «Ustedes adoran estatuas de dioses que ustedes mismos hicieron. Esos dioses no tienen poder. Esos dioses no los rescataron de la esclavitud». Los dioses falsos hechos por personas no podían ayudar cuando Israel estaba en problemas. Los dioses hechos por personas no podían

enseñarle a Israel cómo vivir. Los dioses hechos por personas conducían al dolor, y Dios no quería que su pueblo fuera lastimado.

Isaías fue a las ciudades, mercados, juzgados y barrios elegantes de Israel y dijo: «Dejen de aceptar sobornos. Dejen de preocuparse tanto por su propia comodidad. Dejen de vivir para ustedes mismos».

Dios le dio a Isaías una pregunta muy difícil para los israelitas: «¿Por qué están lastimando a mi pueblo y haciendo las cosas difíciles para los pobres?».

Isaías sabía que el pueblo no escucharía. Irían al exilio a pesar de todos sus esfuerzos por cambiarlos, pero el Espíritu de Dios ayudó a Isaías a recordar que el juicio del exilio no era el final. Isaías esperaba el momento en que Dios recordaría promesas que le hizo a Abraham.

Isaías le dijo al pueblo que un día Dios pondría fin a su sufrimiento y les permitiría regresar a la Tierra Prometida.

Isaías también habló de un siervo, elegido por Dios, que llegaría a la escena algún día. Él restauraría a Israel, pero tendría un trabajo aún más grande que eso. Dios le dijo a Isaías: «Haré más que simplemente restaurar las doce tribus de Israel. Haré de Israel una luz para todas las naciones. Entonces mi salvación alcanzará a todo el mundo». El plan de Dios era rescatar a personas de todas las naciones del planeta. Ya sea que tu piel sea morena, negra, blanca o algo entre ambas, si estás en este planeta, eres parte del plan de Dios.

Isaías habló de dos personajes que algún día serían parte del drama de la vida real de Dios: el Rey y el que sufre. Isaías dijo que un Rey asombroso vendría de la familia de David. El Espíritu de Dios le daría sabiduría y fuerza. Este Rey no sería como los reyes que solo se preocupaban por sí mismos.

Isaías dijo: «Cuando este Rey gobierne, el lobo vivirá con el cordero y el leopardo se acostará con el cabrito». Lo normal es que un cordero sea la cena de un lobo. Así de diferente sería la situación con este futuro Rey.

El trabajo del otro personaje era mucho más triste. Isaías lo llamó un hombre de sufrimiento. Este hombre llevaría los sufrimientos del pueblo. Isaías dijo que el hombre de sufrimiento sería traspasado por *nuestros pecados* y aplastado por las cosas *que hicimos mal*.

¿Qué significa todo esto? No estoy seguro de que incluso Isaías lo entendiera completamente. Isaías estaba en la tierra de los misterios, llevado allí por el Espíritu de Dios. Pero resulta que el hombre que sufría y el Rey eran la misma persona. Jesús en su vida sería ambas cosas. Él es quien sufrió por nuestros pecados y el que gobierna.

Isaías nos deja historias e imágenes de justicia, de vivir para Dios, de un Rey y de un reino. Nos deja historias de alguien que sufre. No fue hasta que vino Jesús que todas estas historias se entrelazaron en una sola historia, y la imagen de Dios por fin se hizo clara.

EL LIBRO DE DANIEL

Daniel y sus amigos: Dios está con nosotros sin importar a dónde vayamos

Alabado sea el nombre de Dios por siempre y para siempre, porque a él pertenecen toda la sabiduría y todo el poder. Él controla el curso de los sucesos del mundo; él quita reyes y pone otros reyes. Él da sabiduría a los sabios y conocimiento a los estudiosos.
Daniel 2:20-21

Es fácil seguir a Dios cuando todo va bien.

Daniel y sus amigos Sadrac, Mesac y Abed-nego tuvieron que vivir para Dios cuando las cosas eran difíciles. Cuando los babilonios tomaron Israel, se llevaron a muchos de los habitantes al exilio. Estos cuatro jóvenes crecieron en una tierra extranjera lejos de sus amigos y familiares.

Los babilonios eligieron a Daniel, Sadrac, Mesac y Abed-nego para que sirvieran al rey. Querían que Daniel y sus amigos vivieran como ellos. Intentaron darles alimentos que estaban en contra de la ley de Dios, pero Daniel decidió seguir a Dios incluso si eso lo metía en problemas.

Daniel le preguntó al guardia: «¿Podemos comer verduras en lugar de la comida real?». El guardia lo permitió, y Daniel y sus amigos se volvieron más saludables que quienes comían la dieta babilónica.

El rey de Babilonia se llamaba Nabucodonosor. Creía que su dinero y su poder lo convertían en un dios. Nabucodonosor diseñó una enorme estatua de sí mismo e hizo una ley que decía: «Cuando se toque cierto tipo de música, todos deben inclinarse para adorar mi imagen. Si no lo hacen, serán sentenciados a morir en un horno de fuego».

Todos obedecieron, excepto unos pocos valientes. ¿Adivinen quiénes eran?

El rey recibió un informe: «Sadrac, Mesac y Abed-nego no están siguiendo tu ley. De hecho, estos judíos jamás adoran a nuestros dioses».

Nabucodonosor estaba furioso. ¿Quiénes se creían estos jóvenes para desafiarlo? Enfurecido, los hizo traer ante él. Les dijo:

—¿Es cierto que se niegan a adorar a nuestros dioses o a la estatua que creé? Ustedes tienen dos opciones: adorar a mi estatua o ser arrojados al horno de fuego.

Llenos de coraje dado por Dios, Sadrac, Mesac y Abed-nego le respondieron al rey.

—Si nos arrojan al fuego, Dios puede salvarnos, pero aun si no lo hace, no adoraremos a sus dioses ni a la imagen que han levantado.

Esta respuesta negativa enfureció aún más al rey, quien entonces ordenó que los ataran y los arrojaran al fuego.

Luego, el rey vio algo que lo sorprendió. Les dijo a sus funcionarios: «¿No arrojamos a tres hombres al fuego? ¿Por qué veo un cuarto hombre en el fuego que parece un hijo de los dioses?».

El rey tenía razón. Alguien estaba con los tres hombres. Dios no les impidió enfrentar esta dura situación, pero estuvo con ellos todo el tiempo.

Nabucodonosor gritó: «¡Sadrac, Mesac y Abed-nego, siervos del Dios Altísimo, salgan afuera!».

La multitud se sorprendió de que los hombres no hubieran sido lastimados por el fuego. Cuando el rey vio que el único Dios verdadero los había salvado, dictó una nueva ley. Ahora el pueblo judío sería libre para adorar a Dios.

En otra ocasión, el rey Nabucodonosor tuvo un sueño. No era el tipo de sueño extraño que podríamos tener después de ver una película de miedo o de comer demasiada pizza a altas horas de la noche. Este era un sueño de Dios. El rey quería saber el significado del sueño. Les preguntó a todas las personas que lo rodeaban, pero nadie pudo responder, así que trajeron a Daniel. Dios había bendecido a Daniel con la capacidad de interpretar los sueños. Ya había hecho esto por el rey antes. Nabucodonosor había soñado con un gran árbol que crecía hasta los cielos. Sus ramas se extendían por todo el mundo. Entonces vino una orden del cielo: «Corten el árbol, pero dejen que su tronco quede en la tierra. Que llueva sobre él y que viva con los animales, y que su mente cambie por un tiempo».

Daniel le dijo a Nabucodonosor: «Tú eres el árbol. Perderás tu reino por un tiempo hasta que reconozcas que Dios está en control. Deja de pecar. Haz lo correcto y sé amable con los oprimidos. Si haces esto, Dios tendrá misericordia de ti».

El rey no escuchó a Daniel, y Dios hizo lo que le mostró en el sueño. Nabucodonosor se volvió loco hasta que reconoció que Dios tiene más poder que los reyes. Aquellos que están del lado equivocado de la justicia se encuentran del lado equivocado de Dios. Ese no es un buen lugar para estar.

Dios le dio a Daniel un último regalo: una visión del futuro. En esta visión, Daniel vio a un Rey que recibiría un reino sobre todo el mundo. Debido a que Dios elegiría a este Rey, él gobernaría correctamente. En la visión de Daniel, el pueblo adoraba al Rey. Pero acabamos de ver que Daniel y sus amigos se negaron a adorar a gobernantes humanos. ¿Quién es este Rey que merece adoración?

La respuesta a esa pregunta es Jesús: el hombre que también es Dios. Él recibiría adoración y gobernaría el mundo de la manera correcta, pero incluso antes de venir a la tierra, Dios ya estaba trabajando en las vidas de su pueblo, como también en Daniel y en sus amigos.

¡Cantemos al Dios que nos creó!

Oh Israel, alégrate de tu Creador.
Oh pueblo de Jerusalén, regocíjate de tu Rey.
Salmo 149:2

A las personas les encanta cantar. Hay distintas canciones que se hacen para diferentes cosas; por ejemplo, no cantamos canciones de Navidad en las fiestas de cumpleaños (a menos que sea tu cumpleaños en la fecha de Navidad). Algunas canciones son buenas para bailar rápido y otras para bailar lento. Algunas canciones son alegres y otras son tristes. Las canciones son tan diferentes como nosotros.

El pueblo de Israel, en especial el rey David, escribió canciones para Dios llamadas salmos. Como fueron escritas para Dios, son a la vez canciones y oraciones. Estas canciones se usaban en casa, en el templo, en los caminos y en el mercado. ¡Y todavía las cantamos y las nombramos cuando oramos en toda clase de lugares hoy en día!

Algunos salmos le enseñaron al pueblo de Dios cómo vivir. El Salmo 1 dice algo como: «Que alegría para los que no siguen consejos de malos, sino se deleitan en la ley del Señor». Los Salmos comienzan así porque tienen la intención de recordarle al pueblo de Dios que viva para Dios. La mejor manera de vivir para Dios es disfrutar y obedecer las Escrituras que Él nos ha dado.

Otros salmos alaban a Dios por quién es él y por lo que ha hecho. El Salmo 100 dice: «Aclamen con alegría al Señor, habitantes de toda la tierra. [...] Él nos hizo, y le pertenecemos». ¿Qué tiene Dios de maravilloso? El hecho de que hizo todo, también a ti y a mí.

Al pueblo de Israel le encantaba alabar a Dios por haber creado el mundo y por rescatarlos de la esclavitud. Nosotros también podemos cantarle a Dios por el mundo hermoso que ha creado y por las cosas que ha hecho por nosotros. Podemos confiar en que el Dios tan fuerte para crear el mundo es lo suficientemente fuerte para guiarnos, y podemos alabarlo por eso.

Los Salmos también hablan de los malos momentos. El Salmo 42 dice: «Día y noche solo me alimento de lágrimas, mientras que mis enemigos se burlan continuamente de mi diciendo: "¿Dónde está ese Dios tuyo?"». La vida duele, aun cuando sabemos que Dios está con nosotros. Él quiere que le entreguemos ese dolor. Mientras clamemos a Dios, hasta nuestras lágrimas pueden ser una oración. En la Biblia hay más canciones tristes que canciones alegres.

En los Salmos, escuchamos acerca de Dios como el campeón de los pobres y necesitados. El Salmo 12 dice algo así: «He visto violencia contra los indefensos y he oído el gemir de los pobres. Ahora me levantaré para rescatarlos como ellos anhelaron que hiciera». Cuando no hay nadie a quien pedirle ayuda, Dios interviene.

Es por eso que el Salmo 35 dice: «Con cada hueso de mi cuerpo lo alabaré: "¿Señor, ¿quién se compara contigo? ¿Quién otro rescata a los indefensos de las manos de los fuertes? ¿Quién protege a los indefensos y a los pobres de quienes les roban?"». No tenemos que ser fuertes. Podemos conocer al que es fuerte.

Salmos como estos nos ayudan a entender cómo se siente Dios. Él es un Dios que se preocupa. Él ve a los hambrientos y a quienes no reciben justicia, y él interviene y lucha por ellos. Cuando defendemos a los pobres y necesitados, estamos siendo como Dios. Estamos mostrando a las personas la compasión de Dios.

El libro de los Salmos es un regalo para nosotros. Nos muestra que toda nuestra vida puede ser ofrecida a Dios, lo bueno y lo malo. No tenemos por qué guardarle secretos a Dios porque, de todos modos, él conoce la verdad. Cuando estamos tristes, podemos decírselo a Dios. Cuando nos molestan y necesitamos que nos rescaten, podemos decírselo a Dios. Cuando estamos felices, podemos decírselo a Dios. No importa cómo nos sintamos, podemos cantar con la voz que Dios nos dio.

Una pausa...

Hemos conocido a muchas personas de la Biblia, pero la historia no ha terminado. La persona más importante que hemos conocido es a Dios. Él es el héroe de esta historia. Él creó el mundo para que vivamos en él. Lo hizo bueno, y la diversidad es parte de esa bondad. Pero el pecado entró en el mundo. Ahora el dolor y la alegría están mezclados.

Dios siempre ha tenido la visión de reunir a una familia de personas de todas las naciones del mundo. Quiere que todos nosotros, negros, morenos o blancos, estemos con él y lo conozcamos. Quiere gente de África, Australia, Asia y de todas partes. No ama a un grupo de personas más que a otro.

¿Recuerdas la promesa de Dios a Abraham? Le prometió un lugar, una tierra para llamarla hogar. Prometió convertirlo en el padre de muchas naciones. Todas las personas del mundo serían bendecidas a través de Abraham y de su familia.

Dios cumplió su promesa. Añadió diferentes personas de diferentes naciones a la familia de Abraham. Israel se volvió diverso a lo largo del camino.

Luego, Dios le dio a su pueblo las leyes. Estas leyes eran buenas. Ellos enseñaron al pueblo cómo adorar a Dios y cómo vivir para él. Estas leyes mostraban que a Dios le importaba cómo su pueblo trataba a los demás. Él ama la justicia. Los pobres y necesitados tienen un amigo en Dios.

Pero las cosas no salieron tan bien para los israelitas. A menudo, el pueblo de Israel no cumplía las leyes de Dios. No permanecían fieles a él. Se maltrataban los unos a los otros. Los ricos se aprovechaban de los pobres. La gente mentía y engañaba. Estas cosas malas sucedieron porque el pecado estaba en ellos y en el mundo causando problemas. No fue solo Israel que pecó. Todos lo hicieron. Todos necesitaban un Salvador. Necesitaban a Jesús, y nosotros también.

Ni los reyes de Israel siguieron a Dios. Ellos también eran pecadores.

Dios envió a los profetas para advertir a Israel, pero el pueblo no escuchó.

Dios juzgó a su pueblo enviándolos al exilio, pero Dios también prometió traerlos de regreso a su hogar. La gracia y el perdón de Dios fueron buenas noticias para los israelitas en ese entonces, ¡y siguen siendo buenas noticias para nosotros hoy!

Dios trajo a los israelitas de regreso a su tierra, pero todavía no eran libres porque naciones extranjeras los gobernaban en su propio país. La historia no había terminado.

A lo largo de toda esta historia hay una visión de un Rey y un reino. El Rey Salvador que vendría de la familia de David gobernaría de la manera correcta. Él guiaría al pueblo a cumplir las leyes de Dios. Todas las naciones del mundo serían bendecidas por este Rey. Su reino cubriría toda la tierra un día. Él sería un amigo para aquellos que estaban sufriendo, un campeón para aquellos que eran débiles.

Este Rey ha estado en las sombras. Ahora es tiempo de que salga a la luz.

LUCAS 1:26-79

María y el Dios que pone todo patas para arriba

[El Señor] a príncipes derrocó de sus tronos y exaltó a los humildes. Al hambriento llenó de cosas buenas y a los ricos despidió con las manos vacías.

Lucas 1:52-53

La historia de Dios y su plan para el mundo es la historia más grande y maravillosa. En verdad, es la única historia, y todos vivimos en ella. Esta gran historia tiene momentos clave. Hay instantes en los que la gran historia se vuelve muy pequeña. ¿Recuerdas cuando Dios se le apareció a Abraham y le dijo que su familia bendeciría al mundo entero? La historia se volvió pequeña en ese momento.

Ahora vamos a leer sobre otro momento crucial en el que Dios llamó a alguien para un trabajo muy importante. Esta persona era una joven llamada María.

María vivía en un pequeño pueblo de Israel llamado Nazaret. Ella era una chica común con sueños comunes. Quería adorar a Dios y hacer una vida con su futuro esposo, José. A veces Dios llama a personas comunes para hacer grandes cosas.

Un día, Dios envió al ángel Gabriel para visitar a María. (El nombre Gabriel significa «Dios es un guerrero». ¡Qué nombre tan genial para un ángel!).

«¡Saludos, mujer favorecida! —le dijo Gabriel—. ¡El Señor está contigo!».

María estaba preocupada por lo que dijo Gabriel y se preguntaba qué significaban sus palabras. ¿Qué la haría ser favorecida por Dios? Ella era una niña pobre en un pequeño pueblo en medio de la nada.

Gabriel sabía que había preocupado a María, así que le dijo:

—No tengas miedo.

(Eso fue fácil de decir para Gabriel: él era el ángel, no quien se encontraba con el ángel).

Gabriel le explicó:

—¡Has hallado el favor de Dios! Concebirás y darás a luz un hijo, y le pondrás por nombre Jesús. Él será muy grande y lo llamarán Hijo del Altísimo. El Señor Dios le dará el trono de su antepasado David. Y reinará sobre Israel para siempre; ¡su reino no tendrá fin!

¡Este es el reino y la familia por la que Dios ha estado trabajando desde el principio! Este es un reino que invita a todos a unirse. Ya seas rico o pobre, joven o anciano, sin importar dónde hayas nacido o el color de tu piel, el reino de Dios te da la bienvenida.

Gabriel acababa de darle a María la noticia más importante de la historia de la humanidad. El Rey prometido que bendeciría y gobernaría las naciones sería su hijo.

¡Ella fue bendecida y favorecida de verdad!

Aunque María tenía una pregunta importante:

—¿Cómo podría suceder esto si no estoy casada?

Gabriel le respondió:

—Tu hijo será un milagro creado dentro de tu vientre cuando el Espíritu de Dios te cubra con su sombra.

Jesús, nacido del Espíritu y de María, sería humano por completo y Dios por completo. Es un misterio caminante: Dios en cuerpo humano.

Mientras María reflexionaba sobre este milagro, Gabriel le habló de otra maravilla:

—Tu parienta Elisabet también está embarazada, a pesar de su avanzada edad. Nada es imposible para Dios.

La vida de María estaba cambiando y necesitaba a alguien con quien hablar. Decidió acudir a la única persona que la entendería: Elisabet, quien estaba a punto de tener su propio bebé milagroso.

Cuando los pies de María cruzaron la entrada de la casa de Elisabet, el bebé en el vientre de Elisabet saltó de alegría. El suyo fue el primero de muchos corazones que Jesús llenó de felicidad.

Elisabet, llena del Espíritu, le dijo: «Dios te ha bendecido más que a todas las mujeres, y tu hijo es bendito. [...] Eres bendita porque creíste que el Señor haría lo que te dijo».

De repente, nos encontramos en un musical. María cantó el siguiente himno para conmemorar la ocasión:

Oh, cuánto alaba mi alma al Señor
¡Cuánto mi espíritu se alegra en Dios mi Salvador!
Pues se fijó en su humilde sierva,
y de ahora en adelante todas las generaciones me llamarán bendita.
Pues el Poderoso es santo
y ha hecho grandes cosas por mí.
Él muestra misericordia de generación en generación
a todos los que le temen.
¡Su brazo poderoso ha hecho cosas tremendas!
Dispersó a los orgullosos y altaneros.
A príncipes derrocó de sus tronos
y exaltó a los humildes.
Al hambriento llenó de cosas buenas
y a los ricos despidió con las manos vacías.
Pues lo prometió a nuestros antepasados,
a Abraham y a sus descendientes para siempre.

Cuando Dios hace grandes cosas en nuestra vida, está bien cantar. Podemos cantar en la iglesia, en casa y en el auto. Las canciones son una forma de recordar y alabar.

María sabía que era importante que Dios la eligiera a *ella*. Dios no eligió a alguien rico o poderoso para criar a su Hijo. Dios no necesita gente poderosa para hacer las cosas; tiene fuerza más que suficiente. La canción de María nos recuerda que Dios hace todo lo contrario de lo que esperamos todo el tiempo. Él levanta a los pobres y derriba a quienes creen que son más fuertes o más sabios que Dios. María adoró a Dios porque cumple sus promesas y ama la justicia. Nosotros lo adoramos por esas mismas razones hoy.

LUCAS 2:1-20; MATEO 1:18–2:12

El Salvador está aquí: El nacimiento del Mesías

Pero el ángel los tranquilizó.
«No tengan miedo—dijo—. Les traigo buenas noticias que darán gran alegría a toda la gente. ¡El Salvador —sí, el Mesías, el Señor— ha nacido hoy en Belén, la ciudad de David!».
Lucas 2:10-11

Cuando ya casi era el momento de que María diera a luz a Jesús, César Augusto, el gobernante de Roma, tuvo una idea. Decidió contar a todos sus súbditos, incluyendo a José y a María. José era de la familia de David, por lo que él y María tuvieron que dejar Nazaret y viajar a Belén, la ciudad natal de David, para ser contados.

Puedes pensar que César Augusto era más poderoso que Dios, al hacer que María, embarazada del niño Jesús, se trasladara de un lugar a otro. Eso sería un error. Mucho tiempo antes, Dios les dijo a los profetas que el Rey de su pueblo nacería en Belén. Al hacer que María viajara a Belén, Augusto estaba ayudando a que el plan de Dios se hiciera realidad sin darse cuenta.

Jesús no nació en un palacio elegante. No estuvo rodeado de reyes ni de sirvientes. Su primera comida no vino de una cuchara de plata. Jesús nació rodeado de animales y personas comunes. Su primera cama no tenía una almohada suave rellena de plumas. En cambio, durmió en un comedero. El ser más poderoso del mundo

entero, el Hijo de Dios, fue un bebé indefenso que dependía de su madre para satisfacer todas sus necesidades. Dios se acercó a nosotros para que pudiéramos acercarnos a él, sin importar cuán comunes nos sintamos.

¿Y a quién invitó Dios a celebrar el nacimiento de su Hijo? A personas aún más comunes.

La noche en que nació Jesús, algunos pastores se quedaron despiertos hasta tarde cuidando sus rebaños. Los pastores eran como los cocineros, los mecánicos de automóviles, los limpiadores o los trabajadores de los restaurantes de comida rápida de su tiempo. Los pastores no eran invitados a las fiestas de los ricos y famosos. No eran los primeros elegidos para los equipos deportivos.

Pero Dios los eligió para participar en la celebración más importante de la historia: el nacimiento de Jesús.

Un ángel del Señor se les apareció a los pastores. La gloria del Señor brilló a su alrededor, y tuvieron miedo.

De nuevo, ángeles: maravilloso, pero aterrador.

El ángel les dijo: «No tengan miedo. Les traigo buenas noticias[...]. ¡El Salvador —sí, el Mesías, el Señor— ha nacido hoy en Belén, la ciudad de David! Y lo reconocerán por la siguiente señal: encontrarán a un niño envuelto en tiras de tela, acostado en un pesebre».

Los pastores estaban asombrados. ¿Qué clase de Rey y Salvador estaría durmiendo en un lugar que se usaba para alimentar a los animales? La clase de Rey que conoce y se preocupa por las personas que luchan por encontrar comida y justicia. La clase de Rey con un corazón abierto al mundo.

Entonces comenzó la música. Junto al ángel, un coro celestial cantó:

Gloria a Dios en el cielo más alto
y paz en la tierra para aquellos en quienes Dios se complace.

Los pastores encontraron a Jesús tal como el ángel les había dicho.

Algunos meses después, Jesús y su familia recibieron más visitas. Estos visitantes no eran pastores. Eran magos, también conocidos como hombres sabios, de un país lejano al este de Israel, y habían sido guiados a Belén por una estrella. Vinieron a adorar al Rey de los judíos. Cuando lo encontraron, le dieron regalos de oro, perfumes y especias.

Mucha gente vio a Jesús en aquellos días. ¿Por qué la Biblia cuenta la historia de personas que vinieron de un país lejano para verlo? Esta parte de la historia nos recuerda de qué se trata la gran historia. El plan de Dios nunca fue solo para los israelitas, sino para todo el mundo. Los magos fueron las primeras personas fuera de Israel que buscaron a Jesús. No fueron los últimos. Dios todavía trae gente de lejos para conocer y adorar a su Hijo.

Cuando Jesús llegó, estaba rodeado de su familia, animales y pastores. Lo visitaron extranjeros y desconocidos. Aunque nadie debe ser un extranjero o un desconocido para Dios. Él es un Dios para las personas que se sienten pisoteadas e ignoradas. Él está con nosotros.

LUCAS 2:25-38

Simeón y Ana conocen al Mesías

He visto tu salvación, la que preparaste para toda la gente.
Lucas 2:30-31

María y José amaban a Dios y pasaban mucho tiempo adorándolo. Les gustaba mucho ir a todas las celebraciones de Israel. Mientras viajaban de ida y vuelta por los caminos polvorientos de Nazaret a Jerusalén, cantaban salmos y contaban las historias de las grandes victorias que Dios ganó para su pueblo.

Cuando Jesús era un bebé, no entendía estas canciones. Lo calmaban con ellas como las canciones de cuna que nos llevan al país de los sueños.

La primera visita de Jesús al templo fue cuarenta días después de su nacimiento. José y María llevaron a Jesús para presentarlo al Señor. Hicieron la ofrenda que la ley exigía después del nacimiento de un bebé. Muchas personas daban distintos tipos de ofrendas. Las familias más ricas daban animales más grandes; pero José y María dieron una ofrenda de dos palomas. Esta era la ofrenda para quienes no podían dar nada más. María y José no eran ricos, pero dieron lo que tenían. Lo que dieron hizo feliz a Dios. Dios eligió padres fieles para criar a su Hijo.

En el templo, había un anciano llamado Simeón. Tenía una gran barba gris, espesa y el tipo de voz que hacía que todos los niños

pequeños se sintieran seguros y alegres. Hablaba sobre Dios y sus promesas con cualquiera que lo escuchara en el mercado o en el vecindario. Les decía a los jóvenes que recordaran a Abraham y Sara, a Isaac, a Daniel, a David, a Noemí y Rut.

«Dios cumplirá sus promesas. Tienen que confiar en él. Él es bueno», decía Simeón.

Dios le había hecho una promesa a Simeón. Le dijo que no moriría hasta que viera al Mesías, el Rey prometido.

Simeón se preguntaba: *¿Cuándo se cumplirá esta promesa? Mi barba no puede ponerse mucho más gris y mis rodillas no pueden doler más por las mañanas de lo que ya me duelen*. Pero Simeón nunca perdió la fe. Creía lo que les decía a otras personas: «Dios siempre cumple sus promesas».

Simeón tenía razón. Un día común y corriente, el Espíritu Santo impulsó a Simeón a ir al templo. ¿Y a quién se encontró? ¡A Jesús! Cuando sus ojos se posaron en el bebé, Simeón lo supo. Todo su ser saltó de alegría. A veces, cuando el corazón está lleno, lo único que podemos hacer es cantar. Esta es la canción que cantó Simeón:

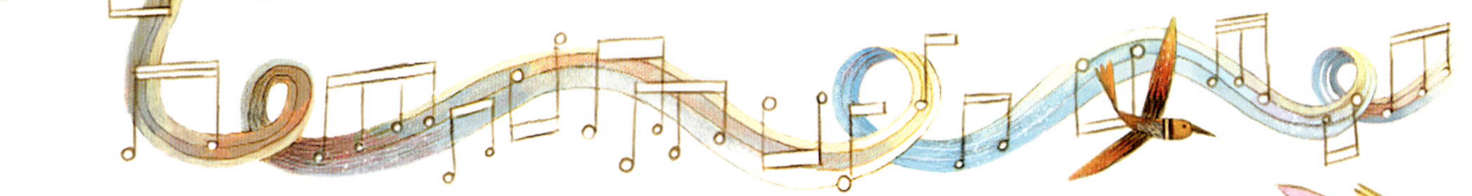

Señor Soberano, permite ahora que tu siervo muera en paz,
como prometiste.
He visto tu salvación,
la que preparaste para toda la gente.
Él es una luz para revelar a Dios a las naciones,
¡y es la gloria de tu pueblo Israel!

Simeón no temía a la muerte porque había visto la salvación de Dios. Simeón había conocido a Jesús. Nada podía molestarlo. Cuando la vida nos da miedo, podemos recordar que somos como Simeón. No hemos tenido al niño Jesús en nuestros brazos, pero lo conocemos. Nada puede quitarnos eso.

Simeón estaba muy contento porque sabía que el Rey de Dios traería salvación a los gentiles. Los gentiles eran las personas en los tiempos bíblicos que no eran israelitas. Simeón sabía que el plan de Dios era lo suficientemente grande como para incluir a todas las naciones del mundo. Jesús sería la gloria de Israel porque traería salvación a todos los que creyeran en él.

Otra persona notó a Jesús en el templo ese día. Su nombre era Ana. Tenía el pelo largo y gris lleno de rizos. Su voz era profunda y siempre con un poco de risa, como si hubiera un chiste que solo ella conocía. Su alegría no había llegado fácilmente. Fue algo que había logrado con mucho esfuerzo. Había encontrado la alegría después de pasar por algo muy triste. El esposo de Ana había muerto hacía ya mucho tiempo y ella había sido viuda durante muchos años. Había pasado esos años adorando a Dios, orando y ayunando. Nosotros también podemos encontrar alegría en Dios aún después de las cosas tristes.

Cuando Ana vio al niño Jesús, supo lo importante que él era, tal como lo supo Simeón. Comenzó a decirles a todos sus conocidos: «He visto al niño de la promesa. Todavía queda esperanza en el mundo, todavía queda gloria en él. Dios todavía está con nosotros».

Tanto Simeón como Ana le hablaron a la gente sobre Jesús después de su encuentro con él. Dios nos utiliza a todos, niños y niñas, hombres y mujeres, para contarle al mundo la historia de su Hijo. Es una historia que surgió en Israel y llegó al mundo entero. Viajó desde Jerusalén hasta ti y hasta mí.

LUCAS 3:1-18; MATEO 11:1-6

Juan el Bautista prepara a la gente para recibir a Jesús

Los valles serán rellenados, y las montañas y las colinas, allanadas.
Las curvas serán enderezadas, y los lugares ásperos, suavizados.
Y entonces todas las personas verán la salvación enviada por Dios.
Lucas 3:5-6

Dios le dijo a Juan el Bautista que preparara a todos para el ministerio de Jesús. (Conocimos a Juan cuando era un bebé. Era el niño que saltó en el vientre de Elisabet cuando María la visitó). Preparar a todos no es fácil. En mi casa, prepararse para la escuela lleva mucho tiempo. Todos tienen que vestirse, desayunar y encontrar sus calcetines y zapatos, ¡y siempre falta al menos un calcetín o un zapato!

Prepararse para la venida de Jesús no era cuestión de tener la ropa adecuada. Era cuestión de tener el corazón adecuado. Para preparar al pueblo de Israel, Juan condujo a algunos de ellos al desierto. ¿Por qué al desierto? Porque después de que Dios liberó a su pueblo de la esclavitud, los guio a través del desierto. Ir al desierto se suponía que les recordaría que Dios los había rescatado antes y que podía hacerlo de nuevo.

El desierto es un lugar peligroso. Hace calor y no hay mucha agua. Los animales salvajes pueden hacerte daño. En el desierto,

necesitas ayuda para sobrevivir. Ir al desierto también les recordó a las personas que necesitaban a Dios para sobrevivir. Juan le dijo a la gente que se preparara para recibir a Jesús, bautizándose. El bautismo demostraba que querían que Dios limpiara sus pecados. También les dijo que debía arrepentirse. *Arrepentirse* es una palabra elegante que significa alejarse del pecado y acercarse a Dios.

Luego, Juan predicó sobre la importancia del trato justo. Dijo:

—Dios no está contento con cómo tratamos a los demás.

La gente preguntó:

—¿Qué debemos hacer?

Juan dijo:

—Si tienes dos camisas, da una a los pobres. Si tienes comida, comparte con quienes tienen hambre.

Los cobradores de impuestos preguntaron:

—¿Qué debemos hacer?

Juan dijo:

—No recauden más impuestos de lo que el gobierno requiere.

Hasta los soldados entraron en el asunto. Preguntaron:

—¿Qué debemos hacer nosotros?

Juan respondió:

—No extorsionen ni hagan falsas acusaciones.

Todos estos consejos tenían un tema. A Dios le importa cómo

tratamos a otras personas. En el reino de Dios, debemos tratarnos bien los unos a los otros.

La gente quería a Juan. Juan podría haberse levantado como rey. Podría haber hecho que la gente pensara que él era la esperanza de Israel, pero no lo hizo. Señaló a alguien más grande. De pie frente a la multitud a la orilla del río, Juan les dijo: «Alguien mucho más importante que yo está en camino. ¡No me puedo comparar con él!».

Por supuesto que Juan estaba hablando de Jesús. Pensó que cuando Jesús viniera, los problemas de Israel desaparecerían, pero tampoco fue así. Juan fue encarcelado *después* de que Jesús apareció. Él quedó confundido. *¿Cómo pueden las cosas seguir siendo difíciles ahora que Jesús está aquí?*

Juan envió a algunos de sus seguidores a hacerle algunas preguntas a Jesús.

—Si tú eres el Rey prometido, ¿por qué está Juan en la cárcel? ¿Por qué no están todos derrotados los enemigos de Dios? ¿Deberíamos buscar otra esperanza?

Jesús les dijo a los seguidores de Juan:

—Pasen el día conmigo. Quiero mostrarles cómo es mi reino.

Había una persona enferma al borde de la muerte. Su familia había perdido la esperanza. Sus hijos lloraban. Jesús sanó al hombre.

Había un ciego que pedía dinero suficiente para comprar comida para pasar la fría noche de Judea. Jesús también lo sanó.

Había una mujer que tenía un espíritu maligno que la molestaba. Jesús expulsó al espíritu maligno.

Los seguidores de Juan vieron todo esto y quedaron en silencio, asombrados por lo que Dios había hecho.

Jesús dijo: «Regresen a Juan y cuéntenle lo que han oído y visto: los ciegos ven, los cojos caminan bien [...] y a los pobres se les predica la Buena Noticia».

Jesús le mostró a Juan que su reino no se trataba de los ricos o los poderosos. No se trataba de ser un guerrero como David. El reino de Jesús se trataba de sanar a las personas heridas del mundo. Se trataba del amor de Dios. Se trataba de la oportunidad de arrepentirse y comenzar de nuevo.

Esto era diferente de lo que muchas personas esperaban. Pero Jesús como Rey se preocuparía por las personas olvidadas: los enfermos, los que sufren, los pobres.

Jesús sabía que el mayor enemigo no eran las demás personas. Era el pecado, el cual hace que las personas se hagan daño entre sí. Era el pecado, el cual trae muerte. Eso fue lo que Jesús vino a combatir. Él lucharía por nosotros y ganaría.

LUCAS 4:16-21

El primer sermón de Jesús en Nazaret

El Espíritu del Señor está sobre mí,
porque me ha ungido para llevar la Buena Noticia a los pobres.
Lucas 4:18

Cuando los bebés están en camino, las familias preparamos todo. Pintamos la habitación donde estará el nuevo bebé. Compramos juguetes, pañales y ropa. Si hay una hermana o un hermano mayor, hablamos con ellos sobre los cambios que traerá el bebé.

Jesús creció en una familia rodeada de amor. Estudió las Escrituras judías y fue a las celebraciones que contaban la historia de Israel. Él oraba y hablaba con Dios. Pronto llegó el momento de comenzar la obra que Dios, su Padre, le había encomendado.

Un día de reposo, Jesús fue a la sinagoga de Nazaret. Una sinagoga era un lugar donde el pueblo judío se reunía para leer las Escrituras y conversar sobre ellas.

Jesús se puso de pie para leer la Palabra de Dios, y le entregaron el libro de Isaías. Todas las personas en la sinagoga fijaron sus ojos en Jesús. ¿Qué diría? ¿Qué haría?

Jesús podría haber elegido cualquier pasaje para ayudar a las personas a entender la obra que Dios había preparado para él. ¿Qué pasaje elegiría? ¿Qué diría?

Después de explorar el rollo, Jesús encontró su texto. Lleno de confianza y convicción, leyó: «El Espíritu del Señor está sobre mí».

Jesús no haría su ministerio solo. Tendría el Espíritu de Dios para ayudarlo. Quienes creemos en Jesús tenemos el mismo Espíritu para ayudarnos. Nunca estamos solos. ¡Buen comienzo!

Jesús continuó: «Porque me ha ungido [con aceite] para llevar la Buena Noticia a los pobres». ¿Por qué ungido con aceite? Esa era una manera de mostrar que alguien había sido elegido para un trabajo especial. ¿Recuerdas cuando Samuel derramó aceite sobre David? De manera parecida, Dios derramó su Espíritu sobre su Hijo. ¿Para qué fue elegido Jesús? ¡Fue elegido para «llevar Buenas Noticias a los pobres»!

¿A quién menciona Jesús primero? A las personas que son fáciles de olvidar: los pobres y necesitados. ¿Cuál es la Buena Noticia para los pobres? La Buena Noticia para los pobres es el reino de Dios.

La venida de Jesús significó que el reinado de Dios como Rey estaba comenzando en la tierra. En este reino, habría justicia y rectitud. En lugar de ser engañados y robados, las personas serían tratadas de manera justa. La llegada del reino de Dios significó que el perdón y un nuevo comienzo en la vida eran posibles. No importa qué pecados hayan cometido las personas, ¡cualquiera puede cambiar y volverse nuevo! Yo me anoto para recibir esa Buena Noticia.

Jesús siguió leyendo con voz firme mientras la multitud escuchaba cada sílaba. Dijo: «Me ha enviado a proclamar que los cautivos serán liberados, que los ciegos verán, que los oprimidos serán puestos en libertad, y que ha llegado el tiempo del favor del Señor».

Las palabras de Jesús fueron como un vaso de agua fresca para las personas sedientas después de un día al sol. Les recordó a las personas que Dios veía su dolor y que le importaba.

Jesús sabía que un día tú y yo podríamos preguntarnos qué le importa a Dios. Quería que supiéramos que su corazón se quebrantaba por las personas que sufrían en el mundo.

Este no fue el único sermón de Jesús. Predicó mucho y caminó de un lado a otro entre los pueblos y ciudades de Judea. En cada ciudad a la que entraba, hablaba del reino de Dios a todo aquel que quisiera escucharlo. Les decía que el reino de Dios era un reino de amor, verdad, alegría y compasión. Para unirse al reino de Dios, las personas tenían que arrepentirse y admitir que no habían estado viviendo como Dios quería que vivieran.

Es difícil admitir cuando uno se equivoca. Queremos creer que siempre somos honestos y buenos, pero a veces somos malos. La Buena Noticia del reino es que la maldad no gana. Nuestras malas decisiones y nuestros malos días no tienen por qué ser el final de nuestra historia. Podemos empezar de nuevo. Esto es cierto, seamos ricos o pobres, cualquiera puede empezar de nuevo y tomar la decisión de seguir a Jesús.

Muchas personas decidieron aceptar la invitación de Jesús de empezar de nuevo. Muchas de estas personas

habían tenido vidas difíciles. Eran pobres o estaban enfermos o ambas cosas. Jesús los sanó de sus enfermedades físicas para mostrarles que Dios quería sanar las partes más profundas de ellos. Dios quería sanar su corazón.

Este era el trabajo que Dios le encargó a Jesús: sanar todas las cosas que estaban rotas. Él hizo bien su trabajo.

LOS EVANGELIOS

Un reino extraño

¡El reino de Dios está cerca! ¡Arrepiéntanse de sus pecados y crean la Buena Noticia!
Marcos 1:15

Cuatro libros de la Biblia son conocidos como los Evangelios: Mateo, Marcos, Lucas y Juan. Todos cuentan la historia de Jesús. Era como si la historia fuera demasiado buena para contarla sólo una vez: ¡la Biblia tuvo que contarla cuatro veces! Estas historias tienen mucho en común.

Hubo una historia que Jesús contó una y otra vez: la historia del reino.

Adondequiera que Jesús y sus discípulos fueran, les decía a las personas: «Arrepiéntanse porque el reino de Dios está aquí».

De seguro has escuchado algo en la escuela que te hizo preguntarte: *¿Qué significa eso?* El reino de Dios es un poco confuso y difícil de entender. Hablemos de reyes y reinos.

El pueblo de Israel tuvo algunos buenos reyes, pero en su mayoría reyes malos. Los reyes malos hicieron cosas crueles. No cuidaron a la gente. Construyeron palacios elegantes y comieron la comida más deliciosa mientras que el pueblo de Israel pasó hambre y se quedó sin un lugar cálido donde recostar sus cabezas. Con los malos reyes a cargo, los pobres sufrieron.

La gente comenzó a esperar que Dios fuera su Rey. El Espíritu Santo inspiró a profetas como Isaías para que describieran cómo sería cuando viniera el reino de Dios. Recordaron a la gente que, después de todo, Dios los rescató de la esclavitud. Dios era mejor Rey que cualquier ser humano.

Muchos israelitas pensaban que cuando Dios fuera Rey, todo mejoraría de repente. Dios echaría a toda la gente mala y daría recompensas a la gente buena. ¿A quién no le gustan las recompensas?

¿Alguna vez has esperado a que tus padres te recogieran de la escuela cuando estabas herido o enfermo? Una vez que aparecían, todo estaba bien. Así era soñar con el reino de Dios para los israelitas. Cuando Dios fuera Rey, habría justicia para todos. No habría más guerras ni enfermedades ni hambre.

Jesús dijo: «¡El reino de Dios está aquí a través de mí!».

«Cuando curo a los enfermos, es el poder sanador de Dios acercándose».

«Cuando les doy de comer a los hambrientos, es la capacidad de Dios para proveer acercándose».

«Cuando perdono los pecados, es el poder de Dios para hacer algo nuevo acercándose».

«Cuando resucito a los muertos, es el poder de Dios sobre la vida y la muerte acercándose».

«Cuando cuento historias sobre el perdón, la misericordia y el amor, es la imagen de Dios de la buena vida acercándose».

El gobierno de Dios había llegado por fin. Jesús asumió el papel protagónico en una historia que comenzó antes de que se creara el mundo, pero quedó claro que el reino de Dios era un reino extraño.

En las historias de David y los reyes de Israel, el ejército del rey luchó batallas contra sus enemigos. David derrotó a Goliat. Los jueces vencieron a ejércitos más fuertes y mejor entrenados.

Cuando imaginamos héroes hoy, pensamos en espadas y luchas. ¿No se supone que los héroes deben luchar?

En lugar de luchar, Jesús sanó y amó. Incluso les dijo a los chicos y chicas malos que Dios los amaba y los perdonaba. ¿Qué tipo de héroe perdona al villano?

Jesús sabía que nuestros mayores enemigos no eran otras personas, sino el pecado, los poderes espirituales y la muerte. Estos eran los enemigos contra quienes Jesús vino a luchar. No con espadas ni escudos, sino sacrificándose en la cruz.

A través de su muerte y resurrección, Jesús ganó la mayor de las victorias. Derrotó al enemigo más temible: la muerte misma. El reino que Jesús vino a establecer no tiene fin. No tiene fronteras. Ser parte del reino significa vivir con Dios. Aunque nos estamos adelantando al contar esta parte de la historia. Pronto hablaremos más sobre esto.

Cada uno de los milagros de Jesús fue una imagen de cómo es su reino. Jesús sanó porque un día, cuando regrese, acabará con la enfermedad. Jesús les dio de comer a los hambrientos porque en el reino de Dios habrá suficiente alimento para todos. Jesús perdonó a las personas que hicieron cosas malas porque el perdón es una forma de vida en el reino de Dios. Jesús mostró compasión porque en el reino de Dios todos reciben misericordia. Jesús era el reino de Dios en persona.

¿Cómo se unió la gente a este reino? Jesús nos dijo que debemos arrepentirnos para ser parte de su reino. ¿Recuerdas la definición de *arrepentirse*? Significa alejarse de una vida sin Dios y volverse hacia una vida con Dios. Como cualquiera puede alejarse del pecado, cualquiera puede ser parte del reino de Dios. Personas de todas las naciones del mundo han aceptado su invitación. Es una propuesta maravillosa. Es una buena noticia.

Los padres les dicen a sus hijos las mismas cosas una y otra vez. Les recuerdan a sus hijos que se cepillen los dientes o limpien sus habitaciones. Dicen: «Sé amable con tu hermano menor» o «Comparte tus juguetes con tu hermana» o «Tomen turnos».

Jesús les dijo lo mismo una y otra vez a todos los que lo escucharon: «¡Arrepiéntanse porque el extraño y hermoso reino de Dios está aquí!».

JUAN 10:1-18

Jesús, el Buen Pastor

Además, tengo otras ovejas que no están en este redil, también las debo traer. Ellas escucharán mi voz, y habrá un solo rebaño con un solo pastor.
Juan 10:16

Tengo muchos títulos diferentes que dicen algo sobre mí a los demás. Mis hijos me llaman papá. *Papá* significa amor y protección. Soy a quien recurren cuando están heridos o tristes. Mi esposa me llama esposo. Mis estudiantes me llaman profesor. Todos estos títulos hablan sobre alguna parte de mí. Jesús tenía muchos títulos que nos ayudan a conocerlo mejor. Era un rey porque Dios lo eligió para gobernar. Era un profeta porque guio al pueblo hacia Dios y hacia la justicia. Un título que Jesús se dio a sí mismo fue el de Buen Pastor.

Las ovejas no son muy buenas para cuidarse a sí mismas. Necesitan a alguien que les muestre dónde encontrar comida. Necesitan a alguien que las proteja del peligro. Se pierden muy fácilmente. Las ovejas no son los animales más inteligentes del mundo.

Jesús dijo: «Yo soy el Buen Pastor», porque Dios lo envió para cuidar de su pueblo de la misma manera que un pastor cuida de sus ovejas. Vino a la tierra para que su pueblo pudiera tener una vida que rebosara de amor y cuidado.

Tal vez podamos encontrar comida en el refrigerador y sacar agua del grifo, pero aún necesitamos a alguien que nos cuide. No todos los líderes de Israel eran buenos pastores como Jesús. Muchos de ellos no se preocupaban por Israel. En lugar de ayudar a la gente, se aprovechaban de ella. Jesús describió a estos líderes como ladrones y saqueadores. No amaban correctamente a las ovejas de Dios.

Los malos pastores no se limitaban a Israel. El mundo tenía malos pastores por todas partes, y todavía los tiene. Muchos líderes no se preocupaban lo suficiente por quienes estaban sufriendo, enfermos o hambrientos. Como dijo Jesús, solo se preocupaban por sí mismos.

Jesús también dijo: «Mis ovejas saben que algo anda mal cuando un ladrón o un saqueador las llama. Solo escuchan mi voz».

Los seguidores de Jesús sabían que él era diferente. Podían escuchar el amor y la preocupación en su voz. Ellos lo siguieron.

¿Alguna vez te has sentido perdido y asustado, y de repente escuchaste a tus padres llamarte por tu nombre? Escuchaste el amor

en sus voces y supiste que estabas a salvo. Eso fue lo que se sintió al ver a Jesús en Israel. Sus enseñanzas, sus milagros y sus sanidades hicieron que la gente se sintiera segura y amada. Su vida trajo a la gente de regreso a Dios.

Pero ¿cómo podemos saber que Jesús en realidad es el Buen Pastor? Muchas otras personas han afirmado ser líderes amorosos, pero luego lastimaron a su gente. Jesús dijo: «Ustedes pueden saber que yo soy el Buen Pastor, porque doy mi vida por las ovejas». Jesús amó a sus ovejas lo suficiente como para morir por ellas, por nosotros.

Cuando Jesús se llamó a sí mismo el Buen Pastor, les estaba hablando a las ovejas perdidas de Israel, pero también tenía otros seguidores que aún no lo conocían.

Él dijo: «Tengo ovejas en otros lugares. Debo ir a buscarlas también». Las otras ovejas son todos los diferentes pueblos del mundo. Estas ovejas son los asiáticos y africanos, los europeos, los norteamericanos y sudamericanos. Son kenianos, nigerianos, ugandeses, alemanes, italianos, guatemaltecos, puertorriqueños, tailandeses, chinos, indios y japoneses. Las ovejas están en todas partes. Son las personas del mundo que Jesús encuentra y trae a casa.

Cuando Jesús mencionó a estas otras ovejas, estaba hablando de la promesa de Dios de traer gente de todas las naciones a su reino. Dios quiere que en su familia haya personas de todas las formas, tamaños, colores y capacidades.

Luego Jesús dijo: «Habrá un solo rebaño con un solo pastor». Aunque todos somos diferentes, estamos unidos por el amor de nuestro Buen Pastor: aquel que murió por nosotros para que pudiéramos ser parte de su rebaño.

MARCOS 15:21-32

La cruz que trae a las naciones

Y, cuando yo sea levantado de la tierra, atraeré a todos hacia mí.
Juan 12:32

Para Simón, era un día normal en Jerusalén. Había venido con su familia desde Cirene, en el norte de África, para adorar a Dios durante la temporada de Pascua. ¿Recuerdas la historia de la Pascua que mencionamos antes en este libro? Esta festividad celebra el gran rescate que Dios hizo a su pueblo de la esclavitud en Egipto. Simón se sentó a la mesa con sus compañeros judíos y recordó el milagro de Dios. Se preguntó cuándo volvería a hacer algo así.

No tenía idea de que estaba a punto de desempeñar un pequeño papel en el mayor acto de liberación de Dios: la salvación que vendría de la muerte y resurrección de Jesús.

Simón regresaba a la ciudad desde el campo cuando vio un gran alboroto. Una multitud de personas, incluyendo a varios soldados, seguían por el camino a un hombre que llevaba una pesada cruz de madera. Simón detuvo a un miembro de la multitud y le preguntó:

—¿Quién es este? ¿Qué está pasando?

El hombre respondió con impaciencia:

—Este es Jesús de Nazaret, el que hizo todos los milagros y afirmó ser el Mesías. Fue sentenciado a muerte por crucifixión por Poncio Pilato porque afirmó ser el rey de los judíos.

(Llamarse rey de los judíos era ilegal porque los romanos lo veían como una rebelión contra su imperio).

Simón vio a Jesús, cansado y ensangrentado, y algo se agitó en él. Sintió pena por este hombre. Entonces Simón miró a los ojos a un soldado, quien le gritó:

—¡Oye, tú, ven aquí!

Simón sabía que no debía molestar a un oficial romano, así que fue con prisa.

El soldado le dijo:

—Está demasiado débil para llevar esta cruz. ¡Ayúdalo!

Simón hizo lo que le dijeron. Durante las últimas horas de Jesús en esta tierra, Simón caminó a su lado, ayudándolo a llevar su cruz. Mientras caminaban, Simón pensó: *Hay algo en este hombre. No es un criminal común*. Su corazón se conmovió por Jesús.

Simón caminó con Jesús todo el recorrido hasta la colina, y luego se deslizó de nuevo entre la multitud, sacudido por lo que había experimentado.

Hay algo extraño en esta historia.

¿Cómo sabemos el nombre de Simón hoy? ¿Dijo: «Mi nombre es Simón» cuando el soldado le pidió que llevara la cruz? Eso no es muy probable.

¿Cómo sabemos que sus hijos se llamaban Rufo y Alejandro? ¿Le dijo Simón al soldado los nombres de sus hijos? No.

Sabemos su nombre porque Simón se hizo cristiano. Alguien debe haberle dicho que la persona a la que ayudó a llevar la cruz había vencido a la muerte y al pecado. Después de que Jesús resucitó, Simón creyó en esta Buena Noticia y también se la contó a sus hijos.

Simón, Alejandro y Rufo fueron una familia cristiana primitiva. Un judío africano llevó la cruz y se unió a la nueva familia de Dios después de

la Resurrección. El plan de Dios de reunir una familia diversa no se había detenido. Dios siempre quiso una familia hermosa y diversa reunida alrededor de la cruz. Simón fue solo el comienzo.

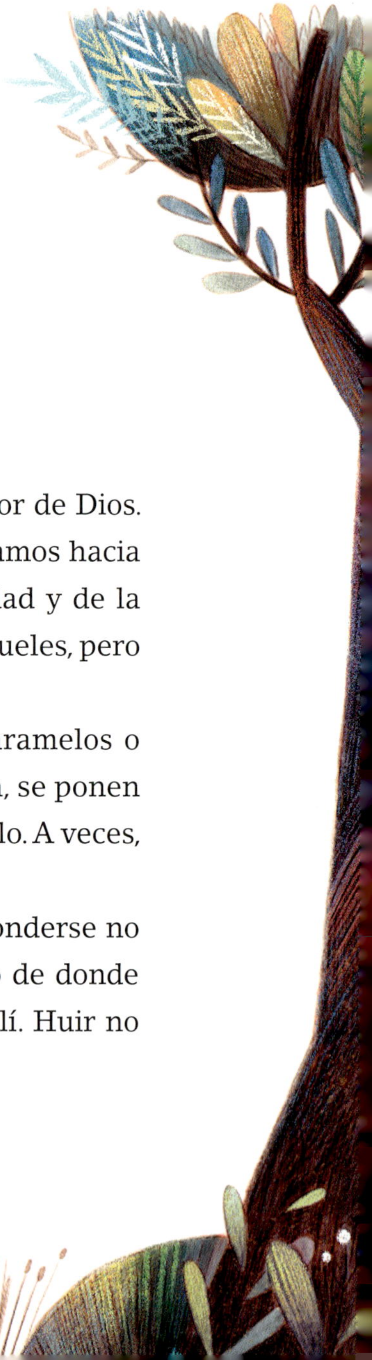

¿Por qué tuvo que morir Jesús?

Jesús murió para mostrarnos hasta dónde llega el amor de Dios. Pagó la pena que merecemos e hizo posible que nos volvamos hacia él. Todos nacemos huyendo. Huimos de Dios, de la verdad y de la bondad. A veces hacemos cosas buenas y a veces somos crueles, pero sin la ayuda de Dios, siempre huimos de Él.

A veces atrapo a mis hijas o a mis hijos robando caramelos o dibujando en la pared. Cuando les pregunto si lo hicieron, se ponen tristes. Están tristes porque saben que han hecho algo malo. A veces, cuando están tristes, se esconden.

Todos nos escondemos de nuestros pecados, pero esconderse no engaña a nadie. Cuando salimos de nuestra habitación o de donde sea que nos escondamos, el problema seguirá estando allí. Huir no lo solucionará.

El problema del pecado era demasiado grande para que los humanos lo resolvieran. Necesitábamos un Dios que nos amara lo suficiente como para salvarnos de nuestro pecado. Necesitábamos a alguien que nos sanara.

Jesús murió para sanarnos.

La cruz es Jesús tomando el castigo por nuestros pecados y dándonos la medicina para nuestra sanidad. La cruz significa que ya no tenemos que escondernos nunca más.

Cuando mi hija dibujó en la pared, dejó una marca que todos podían ver. Quedó evidencia de su error, pero la lavé. Ahora ya no está allí. Todo se ha ido.

En la cruz, Jesús quita todo lo malo que hemos hecho. La Biblia dice que nuestros pecados fueron quitados, clavados en la cruz.

Ser cristiano es aceptar la propuesta de sanidad de Dios que viene de la cruz. Es la mejor noticia.

MATEO 28:1-20

¡No está aquí! Ha resucitado

¡No teman! —dijo—. Sé que buscan a Jesús, el que fue crucificado. ¡No está aquí! Ha resucitado tal como dijo que sucedería.
Mateo 28:5-6

Cuando Jesús murió en la cruz, parecía una derrota, pero Dios es capaz de convertir las derrotas en victorias.

Después de que Jesús murió, la mayoría de sus discípulos perdieron la esperanza. Se escondieron y se preguntaron si podrían ser los siguientes. Las mujeres que siguieron a Jesús no sabían qué hacer después de su muerte. Pero una de ellas tuvo una idea: lo menos que podían hacer era honrar su cuerpo.

María Magdalena y otra mujer llamada María dijeron: «Vayamos al sepulcro y echemos aceite y especias sobre el cuerpo de Jesús».

—¿Cómo llegaremos hasta él con esa piedra enorme delante del sepulcro? —preguntó la segunda María.

—Cuando llegue el momento, veremos —le dijo María Magdalena—. ¡Vamos!

Temprano el domingo por la mañana, las mujeres se dirigieron al sepulcro. Cuando llegaron, el suelo bajo sus pies comenzó a temblar. Algo extraño estaba sucediendo. ¡Era un terremoto!

El terremoto debió haber sido muy aterrador para estas mujeres. ¡A mí me asustaría!

Luego, sucedió algo aún más aterrador. Un ángel bajó del cielo.

Era tan brillante como un relámpago, y las mujeres se quedaron boquiabiertas al mismo tiempo. Todo el aire salió de sus pulmones en un silbido.

El ángel hizo rodar la piedra que estaba frente a la tumba. Ese problema se resolvió de manera asombrosa. Los guardias que vigilaban la tumba estaban tan asustados que empezaron a temblar y cayeron al suelo como muertos.

El ángel les dijo a las mujeres: «¡No teman! [...] Sé que buscan a Jesús, el que fue crucificado. ¡No está aquí! Ha resucitado tal como dijo que sucedería. Vengan, vean el lugar donde estaba su cuerpo. Y ahora, vayan rápidamente y cuéntenles a sus discípulos». Jesús les había dicho a sus discípulos que resucitaría de entre los muertos, pero ellos no lo habían entendido.

He sorprendido a mi familia con buenas noticias antes. A veces les llevo a casa la cena de su restaurante de comida rápida favorito. A veces tenemos noches de cine, incluso cuando hay escuela al día siguiente. Pero nunca he tenido noticias tan buenas como las que compartieron estas mujeres. Dios les dio la mejor y más grande noticia en la historia de la humanidad: Jesús había derrotado a la muerte. No podría haber una historia más importante. Dios confió en estas mujeres para que contaran la historia, para que la gente supiera para siempre que tanto los hombres como las mujeres pueden compartir la Buena Noticia. Todos somos misioneros de Dios.

En su camino a contárselo a los demás discípulos, las mujeres se encontraron con Jesús.

¡Las palabras del ángel eran ciertas! Él había resucitado de entre los muertos.

Ahora que ni siquiera la muerte podía retener a Jesús, su pueblo no tenía nada que temer. Si la muerte de Jesús fue el día más triste del mundo, su resurrección fue el día de mayor alegría. Y esta alegría no es solo para ti y para mí. Es para todo el mundo.

Jesús se encontró con el resto de sus discípulos en Galilea. Algunos estaban emocionados y otros asustados. Puede parecer extraño tener *miedo* después de que Jesús venció a la muerte, pero una sorpresa tan grande era muy difícil de entender.

Jesús les dio a sus discípulos un trabajo importante antes de regresar al cielo. Dijo: «Dios me ha dado toda autoridad en la tierra y en el cielo. Les estoy dando una misión. Vayan y hagan discípulos de todos los diferentes pueblos del mundo. Enséñenles todo lo que les he enseñado». Eso incluye todo lo que Jesús dijo sobre el amor, la obediencia, la justicia y la compasión. «Bautícenlos en el nombre del Padre, del Hijo y del Espíritu Santo. Pase lo que pase, sepan que estoy con ustedes hasta el fin del mundo».

La gran historia de Dios comenzó con un corazón abierto al mundo. Ahora, después de la resurrección de su Hijo, esa historia continúa. Somos cristianos hoy porque alguien escuchó a Jesús y nos trajo la buena noticia de su amor por nosotros y por nuestra familia. Hay cristianos en todos los continentes. Hay cristianos de todos los colores. El plan de Dios se está desarrollando. Su familia está creciendo. Su obra continúa a través de nosotros.

HECHOS 1:1-14; 2:1-41

Pentecostés: El Espíritu es para todos

En los últimos días —dice Dios—, derramaré mi Espíritu sobre toda la gente. Sus hijos e hijas profetizarán. Sus jóvenes tendrán visiones, y sus ancianos tendrán sueños.
Hechos 2:17

Después de que Dios resucitó a Jesús de entre los muertos, él se les apareció a muchos de sus discípulos.

Antes de volver a gobernar junto a su Padre en el cielo, Jesús les dio instrucciones: quedarse en Jerusalén y esperar a que el Espíritu Santo viniera a ellos.

Jesús les dijo: «Les contarán a las personas quién soy yo y las cosas que hice en Jerusalén, Samaria y en el mundo entero».

¡Qué gran misión! ¿Quién podría hacer un trabajo tan grande? La buena noticia es que no sería una misión para que los discípulos cumplieran solos. Dios les daría el Espíritu para ayudarlos y fortalecerlos para hacer el trabajo que les dijo que hicieran.

Cincuenta días después de la resurrección de Jesús, en un día conocido como Pentecostés, todos los seguidores de Jesús —los apóstoles, la madre de Jesús, sus hermanos y otras mujeres— se reunieron en oración.

Se escuchó un ruido del cielo. Sonó como una tormenta de viento. Los seguidores de Jesús vieron como lenguas de fuego. Estas llamas se posaron sobre todos ellos, sobre los hombres y las mujeres. El

Espíritu de Dios los llenó a todos. El Espíritu les dio la capacidad de hablar en idiomas que no conocían.

En ese momento, había judíos de todo el mundo en Jerusalén. Se sorprendieron al escuchar que se hablaba en sus propios idiomas. «Todas estas personas son de Galilea», dijeron los visitantes. «¿Cómo es posible que estén usando nuestro propio idioma para contar las cosas maravillosas que Dios ha hecho?».

¿Cómo te sentirías si un día llegaras a la escuela y supieras hablar cualquier idioma? La gente se sorprendería y se asustaría un poco. Quizás tú también estarías un poco asustado.

Algunas personas querían saber el significado de lo que estaba sucediendo. Otras personas se burlaban de los seguidores de Jesús. Es fácil burlarse de lo que no entendemos. Es importante prestar atención a lo que Dios está haciendo a nuestro alrededor, incluso si eso parece extraño.

¿Por qué Dios permitió que todas las personas diferentes que visitaban Jerusalén escucharan las buenas noticias en sus propios idiomas? Dios quería mostrarles a todos que, sin importar de dónde vinieran, eran bienvenidos a su familia. Los muchos idiomas eran una imagen de un reino formado por diferentes personas. Fue como cuando estás tratando de elegir una película y ves el avance. El avance no te lo dice todo. Es un avance de lo que puedes esperar si ves la película completa.

El milagro de Pentecostés no nos dijo todo acerca del reino de Dios, pero sí mostró un avance de cómo sería la familia de Dios: muchas personas diferentes que comparten la misma fe.

Pedro, uno de los líderes de la iglesia primitiva, se puso de pie en

Pentecostés para explicar lo que estaba sucediendo. «Hace mucho tiempo, Dios le dio una profecía a un hombre llamado Joel. Esta profecía mostraba que un día, Dios daría su Espíritu a todas las personas: jóvenes y ancianos, esclavos y libres, hombres y mujeres. Sería un tiempo de salvación y juicio. Cuando ese día llegara, todos los que clamaran por la ayuda del Señor serían salvos».

Con más confianza, Pedro contó la historia de Jesús. «Hombres de Israel, presten atención. Jesús de Nazaret era un hombre que tenía el sello de aprobación de Dios. Jesús demostró la aprobación de Dios con las maravillas y señales que hizo, pero fue crucificado. Incluso su muerte fue parte del plan de Dios. La muerte no fue lo suficientemente poderosa para retenerlo. Dios resucitó a Jesús de entre los muertos. Nosotros, sus discípulos, somos todos testigos de esto. A este Jesús que fue crucificado, Dios lo ha hecho Señor y Salvador».

Estas palabras hicieron que la gente se preguntara qué tenían que hacer para que Jesús los salvara. Pedro les dijo: «Arrepiéntanse y bautícense en el nombre de Jesús para que sus pecados sean perdonados. Recibirán el Espíritu Santo. Este regalo es para ustedes y sus hijos y para todos los que Dios llama a ser parte de su familia».

Las palabras de Pedro fueron un milagro. Jesús ofreció perdón a todos, incluso a las personas que lo entregaron a los romanos para

ser crucificado. Murió y resucitó para llevarnos de regreso a Dios. Jesús es el amor de Dios que se acerca para tomarnos del brazo y envolvernos en un gran abrazo. No hay nada que puedas hacer que sea tan malo que Dios no pueda perdonarte. Su amor es enorme.

Dios invitó personas que hablaban diferentes idiomas del mundo a ser parte de su familia. Más de tres mil personas de todo el mundo escucharon el mensaje de Pedro en Pentecostés y creyeron en Jesús. La gran y diversa familia de Dios seguía creciendo.

HECHOS 8:1-40

El etíope eunuco: El evangelio va por todo el mundo

Felipe le preguntó:
—¿Entiendes lo que estás leyendo?
El hombre contestó:
—¿Y cómo puedo entenderlo, a menos que alguien me explique?
Y le rogó a Felipe que subiera al carruaje y se sentara junto a él.
Hechos 8:30-31

La iglesia que comenzó en Pentecostés siguió creciendo aunque algunas personas querían impedir que la iglesia se extendiera. Debido a que las cosas eran peligrosas en Jerusalén, muchos cristianos tuvieron que irse a otro lado. Mientras iban a diferentes lugares, contaban la historia de Jesús.

Una persona que salió de Jerusalén se llamaba Felipe. Fue a Samaria y le dijo a la gente de allí que Jesús era el Rey esperado desde hacía mucho tiempo. Dios le dio a Felipe el poder para sanar a muchos enfermos y hacer milagros. La ciudad se alegró de que él estuviera allí. La gente de Samaria, conocida como samaritanos, era un grupo étnico diferente a los judíos. Los judíos y los samaritanos no solían llevarse bien, pero el evangelio puede convertir a los enemigos en amigos.

El evangelio que llegó a los samaritanos era parte del plan de Dios. Jesús les dijo a sus discípulos que serían sus testigos en Jerusalén, Samaria y hasta los confines de la tierra. Dios usó a Felipe y a otros como él para que sus planes tuvieran éxito.

Los samaritanos estaban felices porque Felipe servía a la gente como lo hacía Jesús. La iglesia, actuando como Jesús, es una fuente de alegría. Vivir como Jesús en la escuela y en el hogar te convierte en una fuente de alegría, aun si no les das la vista a los ciegos.

Justo cuando las cosas parecían ir bien en Samaria, un ángel del Señor le dijo a Felipe: «Ve al sur por el camino del desierto que va de Jerusalén a Gaza». Eso debió parecer una orden extraña, pero Felipe obedeció.

En su camino a Gaza, Felipe se encontró con un etíope eunuco. Él estaba a cargo del dinero de la reina de Etiopía. Los eunucos eran muchachos separados de sus familias para servir a la familia real. Cuando eran jóvenes, se les hacían una cirugía que les impedía ser padres y no se les daba otra opción. Muchas veces eran maltratados y a menudo se sentían avergonzados. Este eunuco tenía un trabajo importante en Etiopía, pero también se sentía solo.

El etíope estaba de camino a su casa desde Jerusalén, donde había ido a adorar a Dios. El Espíritu Santo le dijo a Felipe que se acercara al carro del eunuco. Felipe corrió hacia el carro y escuchó al hombre que leía en voz alta el libro de Isaías.

Felipe le preguntó:

—¿Entiendes lo que estás leyendo?

El etíope eunuco respondió:

—¿Y cómo puedo entenderlo, a menos que alguien me explique?

Este era el pasaje que estaba leyendo:

Como oveja fue llevado al matadero.
Y, como cordero en silencio ante sus trasquiladores,
no abrió la boca.
Fue humillado y no le hicieron justicia.

¿Por qué leyó el etíope este pasaje? Tal vez porque la historia de alguien a quien se le negó la justicia era similar a la suya. Tal vez el etíope sintió que la gente también lo había obligado a permanecer callado.

—¿Hablaba el profeta acerca de sí mismo o de alguien más? —le preguntó el etíope.

Felipe estaba feliz de responder esta pregunta.

—Isaías compartió esta profecía sobre una persona inocente que sería tratada injustamente y asesinada. El sufrimiento de esta persona traería sanidad a las naciones —explicó Felipe—. ¡Jesús es esta persona! Él es el inocente que sufrió por la sanidad del mundo, no sólo por Israel. Esta sanidad y perdón está disponible para las personas de todos los países. Todo lo que tienes que hacer es poner tu fe en Jesús y ser bautizado.

—¡Mira, allí hay agua! —le dijo el etíope—. ¿Qué impide que yo sea bautizado?

Felipe lo bautizó, y luego el Espíritu le dijo que viajara a otro lugar. El etíope, lleno de alegría, regresó a casa.

Los primeros años de la iglesia estuvieron llenos de emoción y milagros. Había demasiadas historias para contar. Era como tratar de contarle a alguien todo lo que hiciste durante el verano. Tienes que dejar fuera mucho e incluir sólo las mejores partes.

Lucas, quien escribió la historia de la iglesia primitiva en el libro de los Hechos, tuvo que tomar decisiones. Sólo podía incluir las mejores partes que Dios quería que todos conocieran. De todas las historias que podría haber escrito, la historia del etíope eunuco fue una de las más importantes.

¿Por qué? El profeta Isaías podría ayudar. Él escribió acerca de los no israelitas y los eunucos que podrían pensar que Dios no se preocupa por ellos. Isaías les dijo que Dios los quiere en su familia. Dios inspiró a Lucas a contar esta historia para que todas las personas, ya sean africanas como los etíopes o de Corea, Pakistán, Italia, Colombia o los Estados Unidos, supieran que Dios los quiere. Si tienes una discapacidad o una lesión, Dios también te quiere. Él nos quiere a todos.

HECHOS 9–28

Pablo, apóstol a las naciones

Él es mi instrumento elegido para llevar mi mensaje a los gentiles y a reyes, como también al pueblo de Israel.
Hechos 9:15

Cuando comenzó su historia, la persona que conocemos como el apóstol Pablo no estaba feliz de que la gente estuviera corriendo la voz sobre Jesús. No creía que Jesús fuera el Rey prometido de Israel. Él pensaba: *Un rey crucificado es imposible. ¡Dios me está llamando a poner fin a este movimiento cristiano! Los encerraré en la cárcel si es necesario*. Hasta aprobaba que se matara a los cristianos.

No importaba si fueras una niña o un niño. Si seguías a Jesús, Pablo quería detenerte.

En su camino a Damasco para arrestar a más cristianos, la vida de Pablo cambió para siempre. Mientras iba por el camino, un destello de luz del cielo apareció a su alrededor y cayó al suelo.

Entonces escuchó una voz:

—Pablo, Pablo, ¿por qué intentas hacerme daño?

Pablo le respondió:

—¿Quién eres, Señor?

—Soy Jesús, a quien estás lastimando.

Pablo estaba confundido. ¿Cuándo había lastimado a Jesús? No se dio cuenta de que, si atacas al pueblo de Jesús, lo estás atacando a él. Estamos unidos a Jesús. Él se preocupa por lo que nos sucede.

Jesús dijo:

—Levántate, entra en la ciudad y se te dirá lo que tienes que hacer.

Cuando Pablo se levantó del suelo, estaba ciego, pero los hombres que viajaban con él lo ayudaron a llegar a Damasco.

Una vez que Pablo llegó a la ciudad, Jesús se apareció a Ananías, un hombre cristiano que vivía allí y le dijo:

—Ve a la calle llamada Derecha, a la casa de Judas. Cuando llegues, pregunta por un hombre de Tarso que se llama Pablo. En este momento, él está orando, y tuvo una visión en la que tú vendrías y le devolverías la vista.

Ananías respondió:

—He oído hablar de Pablo. Él hirió a muchos cristianos en Jerusalén. Ha venido aquí para causar más problemas.

—Haz lo que te dije —respondió Jesús—. He elegido a Pablo para difundir mi mensaje a todos los diferentes grupos étnicos y a sus reyes, así como al pueblo de Israel. Las cosas serán difíciles para él, pero él hará todo esto por mí.

Ananías se levantó con rapidez e hizo lo que Jesús le dijo que hiciera. Él le dijo a Pablo:

—Jesús me envió para que pudieras ser sanado y lleno del Espíritu Santo.

Pablo recuperó la vista y se bautizó.

Después de su bautismo,

Pablo comenzó a hacer el trabajo que Dios le dio. Viajó por todo el Imperio romano comenzando iglesias formadas por toda clase de personas. Algunos eran ricos y otros pobres. Algunos eran judíos y otros no. A pesar de sus diferencias, compartían la misma fe en Jesús.

Pablo predicó el mismo mensaje en todas partes. Él dijo: «Jesús es el Hijo de Dios y el Rey tan esperado de Israel. Todos los planes y promesas de Dios se cumplen en Jesús». Él le dijo a la gente que Dios los salvaría si declaraban que Jesús era el Señor y creían que Dios lo resucitó de entre los muertos.

«Jesús es una clase extraña de Rey. Es un Rey que ama a su pueblo y murió por ellos. Jesús fue un Rey crucificado que resucitó».

Este mensaje metió a Pablo en problemas. La gente lo expulsó de muchas ciudades. Lo golpearon con piedras y lo arrojaron a la cárcel. Pero para Pablo valió la pena porque sabía que la tarea de difundir el mensaje de Dios a los diferentes pueblos del mundo era lo más importante que podía hacer. Las noticias eran demasiado buenas para guardárselas para sí mismo.

La vida en las iglesias que Pablo inició no siempre era fácil. Las iglesias se pelean igual que las familias que se aman. Cometen errores. Pecan. Pablo escribió cartas a las iglesias primitivas. Les ayudó a recordar lo que Dios hizo por ellas y cómo debían vivir.

A veces Pablo ayudaba a resolver peleas entre judíos y no judíos. Pablo luchaba para mantenerlos juntos en la iglesia. Quería que judíos y no judíos estuvieran juntos porque sabía que eso era lo que Dios quería. Diferentes tipos de personas adorando a Dios juntas pintaban una imagen de cómo era el reino de Dios. Pablo luchó tan duro como pudo para mantener juntas a todas las diferentes partes de la familia de Dios. Sabía que nos necesitábamos los unos a los otros.

Tener fe en Jesús es suficiente
para estar en paz con Dios.
¡No se necesita ninguna otra regla!

EL LIBRO DE LOS GÁLATAS

La Carta de Pablo a los Gálatas

Y todos los que fueron unidos a Cristo en el bautismo se han puesto a Cristo como si se pusieran ropa nueva. Ya no hay judío ni gentil, esclavo ni libre, hombre ni mujer, porque todos ustedes son uno en Cristo Jesús. Y ahora que pertenecen a Cristo, son verdaderos hijos de Abraham. Son sus herederos, y la promesa de Dios a Abraham les pertenece a ustedes.
Gálatas 3:27-29

Todas las familias tienen desacuerdos. Algunos son pequeños. Otros son grandes. Pablo comenzó una iglesia en un lugar llamado Galacia. Al principio, todo iba bien.

Pero después de que Pablo se fuera de Galacia, llegaron otros cristianos con nuevas reglas. Como puedes imaginar, Pablo no estaba contento de que la gente intentara cambiar las cosas apenas él comenzara esta iglesia.

Estos otros cristianos les dijeron a los gálatas que Dios quería más de ellos, no solo fe. Dijeron que Dios quería que los gálatas cumplieran las leyes del Antiguo Testamento, incluidas aquellas que indicaban a la gente qué alimentos podían comer.

Pablo les escribió a los gálatas: «Tener fe en Jesús es suficiente para estar bien con Dios. ¡No se necesitan otras reglas!».

Puede parecer extraño que esto le importe a un niño. Sería muy extraño que tus padres o tu pastor te estén diciendo que debes seguir ciertas leyes del Antiguo Testamento para ser cristiano.

Aun así, Pablo pensó que era muy importante escribir sobre esto.

¿Por qué? Pablo recordó de qué se trataba la gran historia de Dios. Esta gran historia era el plan de Dios para crear una familia formada por personas de todo el mundo. Él sabía que la iglesia debía ser «Aquí viene todo el mundo».

Entonces, ¿cómo somos justificados ante Dios? ¿Qué nos hace miembros de su familia?

Cuando la gente organiza fiestas de cumpleaños, a menudo envía invitaciones. Las invitaciones son tu boleto para la diversión. Si Latasha Johnson organiza una fiesta de cumpleaños y te presentas con una invitación de Jason Kim, es posible que no te dejen entrar.

¿Qué necesitas tener en tu invitación para ser parte de la familia de Dios? ¿Cómo entras a la fiesta?

Pablo les dijo a los gálatas: «Cumplir con lo que pide de la ley no nos hace justos ante Dios. Somos justificados ante Dios al creer en lo que el Mesías, Jesús, hizo por nosotros». Pablo creía que la ley era algo bueno; después de todo, Dios la entregó para mostrarle a su pueblo cómo vivir. Pero seguir la ley no era un requisito para ser parte de la familia de Dios. No hay requisitos más que confiar en Jesús.

Pablo sabía que esto era cierto, sin importar si eres judío o no, hombre o mujer, esclavo o libre. Ninguna de esas cosas te da beneficios especiales de parte de Dios. Lo único que le importa a él es que nos arrepintamos y creamos.

¿Por qué tenemos que confiar en Jesús? ¿Por qué no seguir toda la ley?

La ley tiene dos partes: las bendiciones, si obedeces, y los castigos, si desobedeces.

FELIZ CUMPLEAÑOS

Si has llegado hasta aquí en el libro, es probable que recuerdes que a Israel le costaba mucho cumplir la ley. ¿Por qué no podían hacerlo? ¡Esa es una buena pregunta! Los israelitas luchaban por cumplir la ley porque eran seres humanos. Todos los seres humanos hacemos cosas malas porque el pecado está en nosotros y en el mundo.

Solo hubo una persona que nunca pecó. Solo una persona que merecía todas las bendiciones de Dios. Esa persona fue Jesús. Él obedeció la ley a la perfección y recibió el castigo que correspondía a quienes la desobedecieron. El peor de estos castigos fue la muerte. Cuando Jesús murió en la cruz, pagó el precio completo por el pecado. Una vez que resucitó de entre los muertos, el castigo por el pecado ya no tuvo poder sobre aquellos que ponen su fe en él.

Jesús aceptó las consecuencias que nosotros merecíamos y nos dio las bendiciones que *él* merecía. ¡Qué intercambio tan maravilloso!

Pablo dijo: «Los cristianos son guiados por el Espíritu de Dios. Vivir por el Espíritu produce fruto. El fruto del Espíritu es amor, alegría, paz, paciencia, gentileza, bondad, fe, humildad y control propio. No existen leyes que impidan hacer las cosas que el Espíritu quiere que hagamos».

En esta carta, Pablo escribió sobre una cosa más que Dios le dio a su pueblo: la iglesia. Pablo les dijo a los gálatas que no tenían que pasar por la vida solos. Podían ayudarse los unos a los otros con sus problemas. Eso sigue siendo cierto hoy.

Los cristianos son hermanos y hermanas. Lo que hace que la iglesia sea una familia no es que todos seamos parecidos. No lo somos. Lo que hace que la iglesia sea una familia es que creemos en el mismo Dios. Pablo sabía que la iglesia y el Espíritu podían ayudar a los cristianos a vivir vidas que le dieran la gloria a Dios.

EL LIBRO DE SANTIAGO

La Carta de Santiago

Así que ¡escuchen! Oigan las protestas de los obreros del campo a quienes estafaron con el salario. Los reclamos de quienes les cosechan sus campos han llegado a los oídos del Señor de los Ejércitos Celestiales.

Santiago 5:4

Santiago era el hermano de Jesús. Muchos de nosotros tenemos familiares que hacen cosas geniales. Mi hermana mayor es médica. Mi hermana menor es chef. Mi hermano menor jugó deportes profesionales, pero ninguno de ellos es Dios.

Santiago creció con Jesús, pero también se convirtió en una persona que adoraba a Jesús. Jesús *tiene que* haber sido Dios para lograr que su familia se uniera a su iglesia. ¡Sé que no me uniría a una iglesia dedicada a mi hermana!

Santiago escribió cartas a iglesias cristianas, en su mayoría judías. Les dio consejos sobre cómo vivir para Dios. Santiago y Pablo hablaron con diferentes tipos de iglesias. Dios los usó a ambos.

A las personas en las iglesias de Santiago les sucedieron cosas malas. Santiago les dio un consejo que puede parecer extraño: «Tengan alegría cuando la vida se ponga difícil. Los tiempos difíciles fortalecen su fe. La fe fuerte los ayuda a convertirse en mejores cristianos».

Santiago les recordó: «Si tienen dinero y poder, eso no debería hacerlos sentir orgullosos. No importa si tienen una casa bonita, ropa elegante o zapatos caros porque eso no es lo que le importa a Dios. Todo se irá un día».

Los cristianos pobres podían consolarse con las palabras de Santiago: «Recuerden que Dios su Padre hizo todo y tiene todo». Santiago creía que la fe en Jesús elevaba a los pobres y humillaba a los ricos para que pudieran reunirse en el mismo lugar como familia. Jesús trae unidad.

Santiago también enseñó a las iglesias sobre el poder de las palabras. Les dijo: «Tengan cuidado con lo que se dicen los unos a los otros, porque las palabras importan. Pueden traer vida o destrucción. Sus palabras pueden ser una bendición o una maldición». Podemos herir a las personas con las cosas que decimos y hacerlas sentir que Dios no las ama. ¡Aunque sea todo lo contrario!

Santiago advirtió a los ricos: «Lloren y giman porque serán castigados. Su dinero se pudrirá y sus ropas se arruinarán». Eso suena duro. ¿Por qué dijo esto Santiago? ¿Odiaba Santiago a las personas con dinero? No. No le gustaba la forma en que las personas ricas trataban a sus trabajadores. «El hecho de que no paguen a sus trabajadores es una prueba en su contra. Dios escucha los gritos de los trabajadores a quienes ustedes se niegan a pagar».

Santiago sabía la importancia de cómo nos tratamos los unos a los otros. Las palabras que decimos importan. La forma en que tratamos a los pobres y a los trabajadores importa. Santiago era como su hermano Jesús en ese sentido. Le importaba el trato justo. Le importaba la justicia.

EL LIBRO DEL APOCALIPSIS

Cómo termina la historia

Después de esto vi una enorme multitud de todo pueblo y toda nación, tribu y lengua, que era tan numerosa que nadie podía contarla. Estaban de pie delante del trono y delante del Cordero. Vestían túnicas blancas y tenían en sus manos ramas de palmeras. Y gritaban con gran estruendo: «¡La salvación viene de nuestro Dios que está sentado en el trono y del Cordero!».

Apocalipsis 7:9-10

El comienzo de una historia es importante, y también lo es el final. Ahora estamos al final de nuestra historia. El último libro de la Biblia se llama Apocalipsis. El apóstol Juan lo escribió para ayudar a los cristianos a aprender cómo vivir ahora que comprendemos el plan futuro de Dios para el mundo. Juan fue uno de los apóstoles que siguió a Jesús desde el principio. Cuando escribió esta historia, la mayoría de los demás apóstoles habían muerto. Los romanos habían enviado a Juan a una isla llamada Patmos porque no querían que esparciera la historia de Jesús. Pero una cosa pequeña como el exilio a una isla no pudo detener el evangelio.

Apocalipsis cuenta historias de visiones que Dios le mostró a Juan. Hay muchas cosas que me encantaría ver. Me encantaría ver a mi equipo deportivo profesional favorito jugar en el campeonato. Juan pudo presenciar algo aún mejor. Pudo ver cómo serán las cosas en el futuro cuando Dios haga nuevas todas las cosas.

¿Qué había en esta visión del futuro? ¿Qué vio Juan? Fue testigo de una gran multitud de personas de todas las naciones, tribus, pueblos y lenguas del mundo. Estaban de pie delante del trono del Cordero. (Juan llama a Jesús el Cordero porque fue sacrificado por nosotros como se sacrificaban los corderos en el Antiguo Testamento). Esta multitud estaba adorando a Dios. Cantaban: «La salvación viene de nuestro Dios que está sentado en el trono y del Cordero».

Cuando Juan vio un poquito del final de la historia, había gente de todas las naciones del mundo allí. Vio una fiesta mundial. La fiesta era muy diversa y se hablaban todos los idiomas. ¿Por qué estaban todas estas personas unidas? Porque amaban al mismo Dios. El plan de Dios para una gran familia diversa se hará realidad un día, y será exactamente así.

Juan tuvo otra visión. Esta visión le mostró un hermoso mundo nuevo. El mundo en el que vivimos ahora está lleno de pecado, tristeza y muerte. Cuando Jesús regrese, terminará con el pecado y la muerte para siempre. Su mundo estará lleno de vida y amor.

El nuevo mundo tendrá una ciudad santa: la nueva Jerusalén. Dios y su familia vivirán allí juntos para siempre. Todas las cosas tristes se habrán ido, y Dios limpiará todas nuestras lágrimas.

En esta visión, Juan vio un río que fluía del trono de Dios. A ambos lados del río estaba el árbol de la vida. Juan dijo que, en el nuevo mundo, este traerá sanidad a las naciones.

Juan sabía que la vida no era fácil. Sabía que a veces la vida nos haría llorar. Nuestras lágrimas no son el final de la historia. Las peleas y la maldad no son el final de la historia. La historia no termina con el pueblo de Dios dividido. La historia termina con personas de todas las naciones del mundo sanadas por el árbol de la vida. El árbol estará abierto para todos cuando el reino de Dios llegue a la tierra. Jesús aún no ha regresado, pero su reino ya está abierto porque él abrió un camino para nosotros al morir en la cruz y resucitar.

Dios está haciendo la labor de crear esta hermosamente diversa familia, tal como dijo que lo haría. Un día, Jesús regresará, establecerá su reino y reunirá a esta familia. Hasta que lo haga, lo adoraremos. Viviremos para él. Le contaremos al mundo la historia más grandiosa de todas hasta que el Rey regrese en su gloria.

Agradecimientos

Me gustaría agradecer al equipo de Tyndale por su diligencia al elaborar este libro, en especial Linda Howard, quien me propuso la idea original de crear una Biblia para niños.

Acerca del autor

El Rvdo. Dr. Esau McCaulley es profesor asociado de Nuevo Testamento y catedrático Jonathan Blanchard de Nuevo Testamento y Teología Pública en Wheaton College en Wheaton, Illinois. El Rvdo. McCaulley también sirve como rector (pastor principal) de All Saints Anglican Church en Naperville, Illinois. Es el autor de los libros para niños *Andy Johnson and the March for Justice* (Andy Johnson y la marcha de la justicia) y *Josey Johnson's Hair and the Holy Spirit* (El cabello de Josey Johnson y el Espíritu Santo). Para adultos ha escrito muchas obras, incluyendo *How Far to the Promised Land: One Black Family's Story of Hope and Survival in the American South* (Qué tan lejos está la Tierra Prometida: La historia de esperanza y supervivencia de una familia negra en el sur de los Estados Unidos) y *Reading While Black: African American Biblical Interpretation as an Exercise in Hope* (Una lectura negra: Interpretación bíblica afroamericana como ejercicio en la esperanza). El Dr. McCaulley también ha contribuido artículos de opinión para el *New York Times*, y sus escritos se han publicado en *The Atlantic*, el *Washington Post* y *Christianity Today*. Es un editor de Holy Post Media y anfitrión de su propio pódcast con el título creativo de *The Esau McCaulley Podcast* (El pódcast de Esau McCaulley). Está casado con Mandy, médica pediatra y reservista de la Marina. Tienen cuatro hijos maravillosos juntos.

Acerca del ilustrador

Rogério Coelho vive en Curitiba, una ciudad al sur de Brasil. Ha trabajado como ilustrador profesional durante veinticinco años, ilustrando más de cien libros para editoriales brasileñas, y ha recibido dos veces el Premio Jabuti (2012 y 2016), el premio literario más importante de Brasil. En el 2015, Rogério comenzó a ilustrar para editoriales en Inglaterra (*Storytime Magazine*, una revista dedicada a niños) y en los Estados Unidos de América. Su libro ilustrado sin palabras *Boat of Dreams* (Barco de Sueños) recibió críticas destacadas de *School Library Journal* y *Booklist*, fue nombrado Mejor Libro para Niños por la Biblioteca Pública de Nueva York en el 2017 y recibió la medalla de oro de los Independent Publisher Book Awards para libros ilustrados para niños. Rogério también ilustró *You Be You* (Tú eres tú), escrito por Richard Brehm, el cual recibió la misma medalla de oro para libros ilustrados para niños, en el 2021.